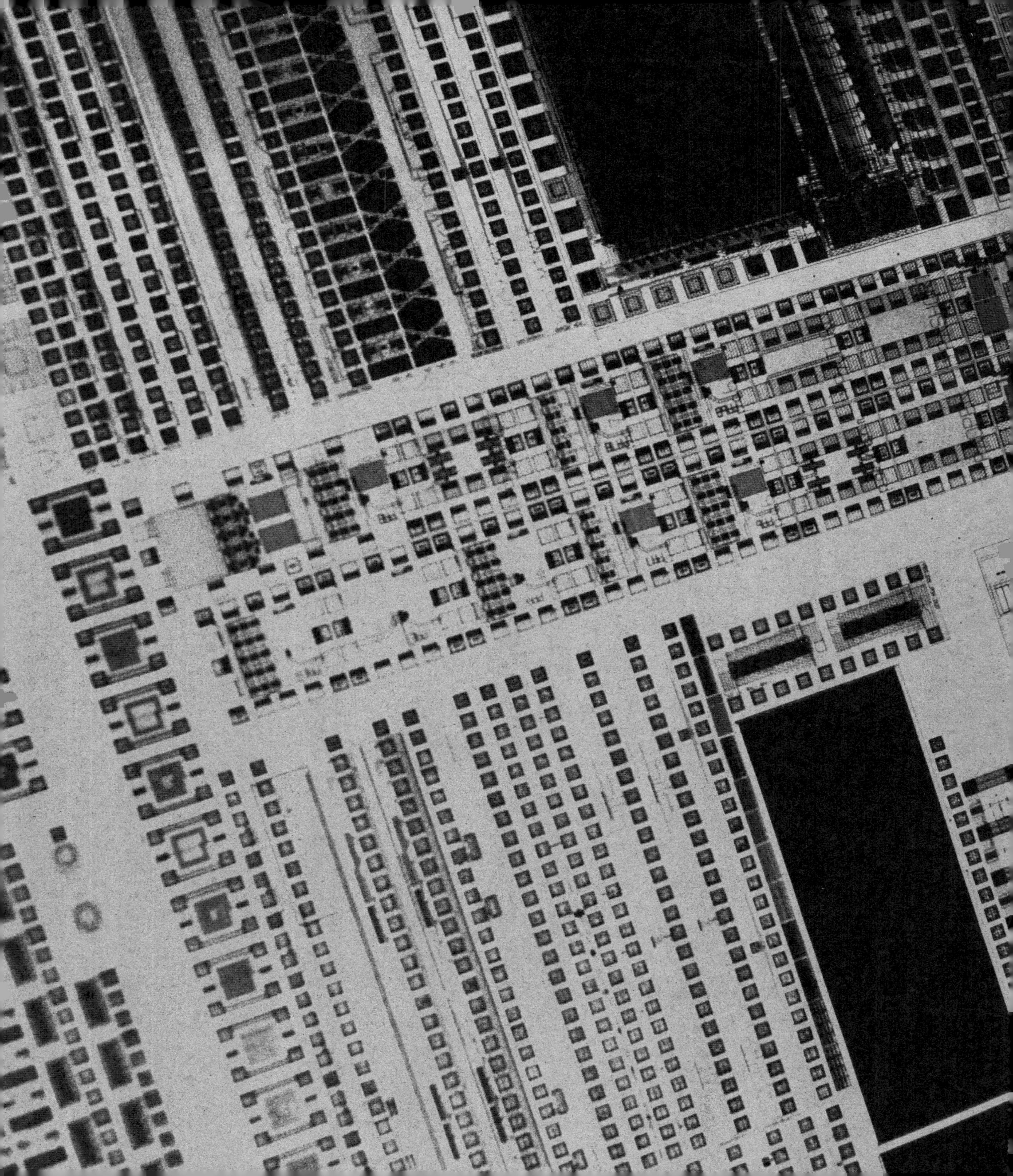

湛庐CHEERS

与最聪明的人共同进化

HERE COMES EVERYBODY

无畏的天才
FEARLESS GENIUS

The Digital Revolution in Silicon Valley 1985-2000

[英] 道格·门德斯（Doug Menuez）著　汪婕舒 译

中国纺织出版社有限公司

献给

特蕾莎和保罗，我永远爱你们

也谨以此书献给过去那些古怪的极客们

如今他们阔步流星，仿若巨人

行走在他们亲手创造的科技仙境

见证那些新生的酷小子

创造出更多奇迹

推荐序 1

时代之变，还有那些天赋非凡的人

艾略特·厄威特（Elliott Erwitt）
知名摄影师

用镜头记录下那些从未被捕捉的画面，一直是道格·门德斯的激情与使命之所在。如何拍摄天才？如何通过视觉的方式讲述那些改变了世界的理念的诞生与变迁，并深刻地再现那些催生了上述剧变之人所拥有的个性？这些人足不出户，只是任由思想天马行空地驰骋，便让我们的生活发生了翻天覆地的变化。

答案，就在门德斯手中。

商务会议的照片并不是什么迷人的影像资料，更不用说一群蓬头垢面的人冥思苦想的场景了，他们常常一坐就是几个小时。然而，门德斯先生年复一年地沉浸在硅谷的“数字战壕”中，孜孜不倦地进行着拍摄，其勤勉程度不亚于他的拍摄对象。通过门德斯所拍摄的照片，我们得以了解一些影响了世界，并将继续以难以想象的方式影响我们未来的神秘人士，进而洞悉他们的思想与行为方式。为此，你只需阅读《无畏的天才》这本书，书中记录了从 1985 年到 2000 年短短 15 年间人类所取得的精彩又迷人的科技进步。

所有伟大的团队中都会出现一个人，他超越于众人之上，而我们这些天资平平的普通人总是为之着迷，想要了解他的更多事迹。这种现象随处可见，比如军事领域的拿破仑、革命运动中的托马斯·潘恩（Thomas Paine）、电影行业的玛丽莲·梦露（Marilyn Monroe）、政治领域的亚伯拉罕·林肯（Abraham Lincoln）和数学领域的艾萨克·牛顿（Isaac Newton）。生性复杂的史蒂夫·乔布斯（Steve Jobs）当然也属于上述杰出人士之列。乔布斯的鼎盛时代在他去逝后才降临，这不禁令我们好奇，他究竟是一个什么样的人。让我们感到幸运的是，我们拥有《无畏的天才》这本书，书中收录了许多独一无二的照片。通过这些照片，我们得以近距离观察和了解乔布斯及其同行不为人知的一面。

门德斯先生身处此间，手持相机，记录下了数字时代的重要时刻。他与当时的许多重要人物交往颇深，因而得以出入普通人难以踏足的场所。他最大限度地利用了这种“特殊身份”，亲眼见证了那个地方和那个时代的变迁，以及那群天赋非凡的人所创造的辉煌。

推荐序 2

生命的黎明是乐园，青春才是真正的天堂

库尔特·安德森（Kurt Andersen）
知名制作人、导演

时值 1985 年，道格·门德斯和硅谷的大多数人一样，正值 28 岁年华。在过去的 4 年里，IBM 推出了第一台个人电脑，苹果也推出了第一台麦金塔计算机（Macintosh）；万维网则将在 6 年后诞生。时值 1985 年，门德斯同硅谷的所有人一样，聪明好奇，精力充沛，总认为最好的机会能在天时、地利、人和的时刻降临到自己身上。他也总是相信，未来将诞生于散落在旧金山南郊的一群年轻人手中，他们整天盯着计算机屏幕，不停地敲击着键盘。如果门德斯是一位诗人，而不是一个富有诗意的摄影记者，那么他记录那个纷繁年代的方式，可能正如威廉·华兹华斯（William Wordsworth）在巴黎的理想主义青年时代结束 20 年后，回忆法国大革命的开端一样：

生命的黎明是乐园，
青春才是真正的天堂！——噢！一次又一次，
习俗、法律与规范之贫乏、陈腐与令人生畏
摧毁了这个浪漫国度的吸引力！
当理性似乎最能维护她的权利之时，
当大多数人蓄意将她视为
正值鼎盛的女巫——她前来协助
于是，这项事业便以她之名，砥砺前行

门德斯曾远赴埃塞俄比亚，报道当地的干旱情况和内战。1985 年，他从埃塞俄比亚回到美国，想开启一个不用记录人类痛苦和绝望的新的长期项目。与此同时，史蒂夫·乔布斯被他自己创建的公司“赶”了出来，正准备启动一项新计划。在这个新计划中，他无须讨好短视的董事会成员和投资人，而这在针对大众市场的计算机公司里是无法避免的。乔布斯同意给予门德斯自由出入他新公司 NeXT 的权利，《生活》（*Life*）杂志则承诺资助并发表门德斯对乔布斯创造“新新玩意儿”的报道。门德斯日复一日地从马林（Marin）驱车前往雷德伍德城（Redwood City），同乔布斯及其团队闲逛、聊天，并拍摄照片。然而，3 年后，当 NeXT 计算机终于瓜熟蒂落即将面世时，乔布斯这个人嘛……你懂的，很遗憾，他改变了主意。“我只是突然觉得《生活》杂志很差劲，”他对门德斯说，“不过别担心，或许在未来的某一天，这些照片能给你带来意外之喜！”

事实证明，乔布斯的直觉是正确的——事实总是一次又一次地证明这一点。在硅谷，人人皆知乔布斯是出了名的难搞和神秘，而他竟然允许门德斯自由出入 NeXT 公司，这令门德斯仿佛拥有了“尚方宝剑”。在接下来的十几年里，这把“尚方宝剑”让门德斯能够自由出入硅谷所有的科技公司。用他自己的话说，他就是一位“自由的记录艺术家”，无拘无束地游荡在 Adobe 系统公司（正当 Photoshop 诞生的时刻）、英特尔、太阳计算机系统公司（Sun Microsystems）、NetObjects 公司、凯鹏华盈和苹果公司。他是唯一一个在数字革命的每条战线上都奋斗过的战士。门德斯在硅谷的畅行无阻之所以引人注目，还源于硅谷的文化——尽管许多人对硅谷的认知十分肤浅，认为硅谷的文化不外乎就是以比萨和桌上足球为代表的懒散风格，但是实际上，硅谷里那些创造了数字未来的人是狂热如火的，他们之间展开了白热化的竞争，因而极易走上我行我素、一意孤行的偏执之路。

在那个开创性的 10 年里，他们梦想着创造一个酷炫的新世界，不管那意味着什么，反正在那个新世界里，知识能以前所未有的速度进行传播与扩散，人们能充分发挥自己的创造力。作为芝加哥一个社区工作人员的儿子，门德斯对这种愿景满怀期待。旧金山湾区早期的淘金热标志着童话式现代化的开端，而这种现代化是通过追求个性与自由的反主流文化运动实现的。从那时起，乌托邦主义就根植在当地人的基因里。这一切皆源于加利福尼亚州那终年怡人的气候，以及无止境地重塑自我的精神。在 20 世纪末，那令人眼花缭乱的、沉迷于计算机的极客一族便顺理成章地扎根于此，并茁壮成长起来。

在北加利福尼亚州的“婴儿潮一代”看来，失败也有可能是自我实现的机会。对于被逐出又重回苹果公司的经历，乔布斯这样评论道：“从头开始的轻松感取代了保持成功的沉重感，对待任何事情都多了一份不确定性。我得到了解放，并进入了人生中最富有创造力的一段时期。”

硅谷是世界上最能体现“婴儿潮一代”特点的地方，而乔布斯是其中最具有代表性的人。瞧瞧他，一个只穿牛仔裤、浑身散发着“现实扭曲力场”（Reality Distortion Field）的首席执行官，不仅是一个多愁善感、反主流文化的浪漫主义者，还是一位残酷无情的科技大亨，更是一个心态永葆年轻的工匠，致力于消除工具与玩具之间、工作与娱乐之间的界限。（若想了解硅谷里上一代搞技术的家伙是什么样子，可以看看门德斯拍摄的肖像照片《贝克曼仪器公司的工程师们》，这张照片拍摄于 1989 年的加利福尼亚州富勒顿市。）正是在本书描绘的这段时期里，“婴儿潮一代”的人最年轻的在 1985 年只有 21 岁，最年长的到 2000 年也不过 54 岁，他们盘踞在文化与经济的繁荣地带，而这绝非巧合。事实上，在那段时间里，他们已不再是孩童，但也不算太老，并拥有改变世界的能力与决心。约翰 · 斯卡利（John Sculley）之所以未能成为硅谷英雄，一个重要的原因是他并不属于那一代人，他的年纪太大了——当他担任苹果公司的首席执行官时，已经有 44 岁“高龄”。

门德斯所拍摄的照片往往非同寻常，能在观看者的大脑中唤起许多难以形容的虚拟的热闹场面，这是因为他极具艺术天赋，能将乏味的办公室生活背后的戏剧张力和激情展现出来。不过，这些照片也极具讽刺意味。在那个满是阳光、绿草、碧空与黄金的地方，他却有意识地选择在室内拍摄黑白照片，以老派的方式来描绘这个新时代的来临。与此同时，他将数字革命的历程记录在胶片上——这种源自 19 世纪的古老媒体即将被它所记录的这场革命淘汰。

当你启动这样一个开放式的项目时，你怎么知道何时才算大功告成？对门德斯来说，结束时期的开端是十分明确的。1994 年年末，一个刚大学毕业、从伊利诺伊州搬到芒廷维尤（Mountain View）的黑客开发的网景浏览器（Netscape）横空出世。通过网景浏览器，任何人都可以免费且方便地访问万维网，这在历史上是第一回。互联式计算变成了现实！信息的洪流渴望挣脱牢笼，无拘无束地奔流！1995 年夏天，当首次公开募股（IPO）和货币化对金融界以外的人来说还是陌生的概念时，网景通信公司（Netscape Communications Corporation）就上市了。不到一年前，这家公司的估值还只有 2 100 万美元；而此时，它的市值飙升到了 29 亿美元。于是乎，硅谷的时代精神发生了翻天覆地的变化。那些做梦都在开发软件和研究计算机的年轻人，从一门心思搞技术的科技先锋摇身一变成了淘金热中的弄潮儿。在那之前，并非所有人都是酬不抵劳的勤劳工匠；在那之后，也并非所有人都变成了总想着大捞一笔就抽身而退的财迷。然而，他们对一切事物的“计算方法”却陡然发生了深刻且永久性的变化。

对门德斯来说，“NetObjects 的功亏一篑即为那个最后时刻”。NetObjects 是坐落于雷德伍德城的一家初创公司，其开发的 Fusion 软件让普通人也可以创建网站。1999 年，NetObjects 成功实现了首次公开募股；在互联网泡沫破裂前夕，它的市值达到了 15 亿美元，相当于其收益的 51 倍。门德斯表示：“那标志着一个时代的终结，我的任务也完成了。”

于是，数字革命的第二阶段拉开了帷幕。这一阶段中充满了广告、无处不在的小程序和大规模项目，人人都想利用 20 世纪末的工匠们所取得的突破，并在此基础上创造出一个巨大而崭新的复合产业。当门德斯刚开始在硅谷拍摄照片之时，互联网还不存在，几乎没人拥有手机，拉里·佩奇（Larry Page）和谢尔盖·布林（Sergey Brin）在上初中，而马克·扎克伯格（Mark Zuckerberg）还是襁褓中的婴儿。15 年后，当门德斯大功告成，怀揣着 25 万张底片（相当于每天拍摄 45 张照片）时，几乎一半美国人可以访问互联网，并用上了手机；佩奇和布林已经创建了谷歌公司；扎克伯格则上了高中，正忙着破解音乐播放软件和即时通信软件。数字革命的第二阶段无疑是激荡人心的，那第一阶段呢？那个让无畏的天才们漫不经心、无知烂漫的年代呢？“生命的黎明是乐园。”

前 言

25 万行代码：
一个时代的终结，
一个时代的开始

在 20 世纪的最后几十年里，一群才华横溢又离经叛道的人点燃了一场创新大爆炸。这场爆炸后来被人们称为“数字革命”。

这些革命者，有的是工程师，有的是创业者，有的是风险投资人。15 年来，我一直在记录这群人努力发明新技术的过程。这些新技术改变了人类的行为、文化，以及对自我的认知。这群人的“栖息地”不在别处，就在硅谷。

虽然我穿行于他们之间，但我尽可能不去打扰他们，如此，我得以用影像记录下他们的日常生活。这些人创造出了许多强大的新工具，而这些新工具释放了人们与生俱来的创造力，并开启了一轮规模空前的经济增长。

我和其他人一样，也惊讶于我的摄影生涯竟将我引到了硅谷。一开始我是在纽约拍摄街头生活，后来进入旧金山的艺术学校进行深造，毕业后成为职业摄影记者。到了 20 世纪 80 年代中期，我已经准备好做点儿从未做过的事情。当时，我所拍摄的都是悲惨故事，比如艾滋病危机、流离失所的人、奥克兰禁毒战争、摧毁家园的洪水、森林火灾和地震等，我的内心因此十分煎熬。在这些苦难面前，我深受折磨。1985 年春天，我首次踏上非洲大地，拍摄由内战和干旱所引发的饥荒。那惨绝人寰的灾难超出了我的认知。作为一个经验丰富的新闻摄影记者，我第一次对我的工作产生了质疑。我开始寻找一个能令人对未来更加乐观的拍摄主题。当然，不公与悲伤无处不在。不过，如果我能找到一种能以具体的方式为这个世界带来希望和意义的事物，那么我认为，我也能在为其摄影的过程中找到自己的人生意义。就在此时，史蒂夫·乔布斯出现了。

在名誉与权势达到巅峰的时刻，乔布斯被迫离开了他参与创办的苹果公司，我至今犹记得我听说这件事情时的情景。当时，决心东山再起的他创办了一家名为 NeXT 的新公司，旨在研发出能改变教育行业的超级计算机。他计划打造出计算能力堪比大型机，但价格便宜、约 30 厘米见方的学生电脑。这令我兴趣盎然，因为我多次在杂志拍摄任务中体会到教育的重要性，尤其是在解决许多社会问题时，教育能起到决定性和根本性的作用。这或许就是我苦苦寻觅的拍摄主题。当时，乔布斯已经用 Apple II 型计算机和麦金塔计算机改变了世界，而我相信他会再一次改变世界。我决定孤注一掷。

通过一个朋友，我联系上了乔布斯。很快，我便得到机会，向 NeXT 的联合创始人兼创意总监苏珊·卡蕾（Susan Kare）提出我的想法。我问她是否可以允许我在接下来的几年里自由地跟拍乔布斯及其团队，记录他们的一举一动，包括 NeXT 计算机的设计、制造和销售的全过程。我希望能在这段时间里理解乔布斯的创新过程。卡蕾说，我提出这个想法的时机简直再完美不过了，因为乔布斯正想做类似的事情。乔布斯坚信，改变历史的机遇已掌握在他们手中。于是，我们约定了见面的时间。

与此同时，我向《生活》杂志的图片编辑彼得·豪（Peter Howe）提出拍摄乔布斯的建议，因为乔布斯代表了涌入硅谷的新一代理想主义者。通过拍摄他，我可以了解他是如何创造出颠覆性的产品的。同时，我也希望从中发掘出更宏大的硅谷故事。彼得·豪同意让我进行这种少见的开放式拍摄。于是，万事俱备，只欠说服乔布斯了。

1985 年秋天，我驱车南下，到帕洛阿尔托（Palo Alto）与乔布斯及其团队见面。我将车停在他们靠近斯坦福大学的一栋不起眼的办公楼前。在皮克斯动画工作室（Pixar）、iMac、iPod、iPhone 和 iPad 出现之前，以及他在美国商业史上的辉煌复出之前，乔布斯经历了一段挣扎期，而没有人预料到这个时期竟然持续了十几年。随后，他又饱尝失望与挫败，在黑暗的荒野上走过了漫长的旅程。多年以后，NeXT 的灰烬中萌发出新芽，新的苹果公司涅槃而生，乔布斯也因此在历史上留下了浓墨重彩的一笔。在 1985 年的秋天，我尚不知道未来会发生什么，但我决心记录下正在发生的一切。

当我踏进那栋办公楼时，卡蕾与 NeXT 的销售和市场部副总裁丹尼尔·勒维（Dan'l Lewin）正下楼来迎接我。卡蕾告诉我，他们已经同乔布斯讨论过了，乔布斯非常喜欢我的点子。在我拍摄的过程中，不会有人来监督我，我可以拍摄我想拍摄的任何场景。听到这个好消息，我几乎怔住了。正当我回味和消化着这个好消息时，乔布斯从楼梯上走了下来，笑容满面地向我走来。我们就这个项目讨论了几分钟，接着，他握着我的手说："好的！太棒了！"然后，他便继续往大厅走去。于是，我就这么"上船"了。我当即举起我的相机，开始了工作。

20 世纪 60 年代的反主流文化运动，以及持续多年的经济增长，塑造了乔布斯这一代人。在这段独特的历史时期中，这群离经叛道的人极具破坏性。当时，太空竞赛时代的先锋工程师们早已盘踞在硅谷。这些新人来到硅谷，与老工程师狭路相逢、针锋相对。老一辈技术人员的世界观形成于接连不断的世界性危机，从第二次世界大战和朝鲜战争，到冷战和核武器的出现，再到人造地球卫星的成功发射，以及由此打响的太空探索之战。他们就职的公司，大多都为美国国家航空航天局（NASA）和美国国防部开发系统与产品。他们上班时西装革履，留着寸头，遵守着军队化的纪律。

这些初来乍到的小子则留着长发、趿着凉鞋、穿着牛仔裤，一腔热血地想要驾驭科技的力量，让普通人用上计算机。乔布斯为新公司制定了愿景，即为学生和教育工作者开发简单易用的计算机，让他们能够更快、更好地进行计算、创造和表达自己的想法。

我在 NeXT 度过了紧张又刺激的 3 年。3 年后，也即 1988 年 10 月，在 NeXT 计算机即将发布之际，我迎来了一个苦乐参半的结果——乔布斯和他的公关团队决定终止《生活》杂志的计划，只因他认为《生活》杂志不再"炫酷"。他们并不担心没有媒体报道 NeXT 计算机的发布会，因为 80 多家杂志的邀请函如雪花般飞来，争相想在封面上刊登发布会的盛况。对我来说，要放弃过去 3 年的努力是很难的，但乔布斯让我得以一窥更宏大的图景，并劝我说，终有一天这些照片一定会出版。在乔布斯的不断鼓励下，我决定扩大这个项目的规模，尽可能地覆盖整个硅谷。

鉴于乔布斯对我的信任，并允许我自由出入他的公司，硅谷的其他顶尖创新者也愿意以同样的方式对待我，比如 Adobe 系统公司的创始人约翰·沃诺克（John Warnock）和查克·格施克（Chuck Geschke）、乔布斯在苹果公司的主要对手约翰·斯卡利、凯鹏华盈的风险投资家约翰·杜尔（John Doerr）、微软公司的比尔·盖茨（Bill Gates）、欧特克公司的卡罗尔·巴茨（Carol Bartz）、太阳计算机系统公司的比尔·乔伊（Bill Joy）、英特尔公司的戈登·摩尔（Gordon Moore）和安迪·格鲁夫（Andy Grove）、网景通信公司的马克·安德森（Marc Andreessen）、NetObjects 公司的萨米尔·阿罗拉（Samir Arora）等七十多位杰出的创新者及其公司。

我的拍摄对象包括许多硬件公司，其制造的产品多种多样，从个人电脑、工作站、大型机、克雷超级计算机和笔式输入的掌上电脑，到虚拟现实眼镜和游戏机。我还拍摄了芯片生产商、通信和网络公司以及软件公司，其产品用途五花八门，包括桌面排版、商业应用、游戏、娱乐、安全、交通、医疗与教育。此外，我的拍摄对象也包括很多互联网初创企业，甚至一些生物技术公司。一些公司在听说了我的项目后主动找上我；还有一些公司是我主动联系的，通常是在内部知情人士向我透露了有关某个特别项目的消息之后。在这些年里，我也总是接到杂志和商业客户的定期拍摄任务，有时这些任务与我的拍摄计划会有所重叠。

在拍摄的时候，我有两方面的考虑。其一，我想拍摄这些公司内部人员每日工作和生活的场景，捕捉员工之间的互动瞬间，探寻他们的行为模式与情感变化，但又想避开其公关团队的干涉和监督。我想了解科技对人类的影响，同时，我很好奇到底是什么促使一些人努力克服看似不可逾越的障碍，而另一些人却完全不愿承担任何风险。有些人愿意自己成立公司，而另一些人则更愿意为别人的公司打工。硅谷似乎吸引了许多愿意冒险的人。或许，我最感兴趣的乃是创新的本质，我想找出激发人们创造力的最佳方法。

其二，我也开始拍摄物体、文件和环境。我学过视觉人类学，从中我了解到，我拍摄的照片可以作为数据，供其他人用来解密这段历史，从而研究这种令我着迷的新文化是如何形成的。这种新文化拥有自己的语言、社会仪式和习俗，所有这些很快就会影响整个社会。

我尤为关注人们流露出来的紧张迹象。这种脆弱性与科技公司在公众心中的形象形成了鲜明对比。他们通常喜欢表现出自己具备极强的能力，这种形象经过强大的公关团队细细打磨，即使在遭遇巨大失败时也要硬撑着。

对于女性在硅谷中所扮演的角色，以及性别多样性（或者说性别多样性的缺乏）带来的影响，我也产生了兴趣。世界观不同的人写出的代码会不会不一样？而这对终端用户又意味着什么呢？

在这段时期里，不断加速的创新改变了工作的本质和公司的结构。随着越来越多的国家将重心放在新技术的开发与应用上，全球商业环境变得越来越重要。虽然在我启动这个拍摄项目之时，硅谷已经成为美国制造业的中心，但随着美国的经济重心从钢铁和汽车转向芯片与信息，变革以迅雷不及掩耳之势发生了；到我完成该项目之时，硅谷那些繁忙的工厂已经搬到其他国家。制造业不再是美国的经济重心，整个国家已经进入了信息经济时代。

“无畏的天才”指的是我所观察到的那些天资卓越之人（他们通常擅长数学和科学），或者拥有远见卓识的天才。除此之外，这些人还拥有一项罕见的能力，那就是不顾一切地大胆追求自己的梦想，将想法付诸实践，而不管结果是好是坏，为此，他们敢于押上所有赌注——健康、理智、家庭、事业。一个人要想发明新技术，所付出的代价是巨大的，而这往往无法为外界所理解。在硅谷，你会看到不少失败的婚姻，还可以看到母亲们在实验室里带孩子，还有失去心智的工程师……我认识的一个年轻程序员就选择了自杀。一些人因诈骗而被关进了监狱。有人损失了几百万美元，也有人一夜进账几十亿美元。在硅谷，失败和成功一样，都是不可或缺的一部分，只是后者更常与硅谷联系在一起。

每过一段时间，就有一些工程师或团队取得突破，我也因此见证了他们欣喜若狂或志得意满的时刻。然而，在喜悦的背后，更多的是辛苦与挫败。由于我经常被卷入他们所经历的情绪“过山车”里，因此，我很自然地会为他们取得的进展而激动，也会为他们的失败而沮丧。作为一个摄影记者，过去我希望自己扮演一个客观的旁观者角色，但此时，这个角色悄然隐去，我开始接受一种更主观、更具诠释性的方法。我虽然仍与他们保持着距离，却无法再完全保持中立，因为我已经成为他们中的一员。我希望他们能取得成功，创造出所有人都能使用并从中受益的机器。

随着个人电脑行业的迅猛发展，互联网腾空而起。1995 年，网景通信公司成功实现首次公开募股，这标志着一个突飞猛进的疯狂新时期的到来。人们将这个时期称为“互联网时代”。在这个时代面前，20 世纪 80 年代的狂热与激烈也相形见绌。我认识的人要么打算创办新的网络公司，要么准备跳槽到网络公司。令人伤感的是，我拍摄过的那些理想主义者，那些会说“我想为非洲的孩子制造计算机”的工程师，很快就变成了一心只想着完成上市的淘金者，而这波淘金热注定是无法持续下去的。在我刚开始拍摄时，乔布斯曾向我描述他的“崇高事业”，令我觉得十分有趣、刺激和鼓舞人心。然而，在这波淘金热席卷硅谷之际，这种“崇高事业”渐渐无处可寻。

2000 年，互联网泡沫破裂，这标志着一个时代的终结，而我也决定为我的拍摄项目画上一个句号。我收拾行囊，将 25 万张底片悉心保存，以备后用。我需要休息一下，暂时与科技说“再见”。

2004 年，斯坦福大学图书馆购买了我的摄影作品，旨在为历史学家和其他学者保存并提供这些资料。他们强有力的支持再次启发了我，并最终促成了这本书的诞生。

在那个重要的时代，我虽然见证了硅谷的发展与变迁，但我的旅程是率真与质朴的，并不能为硅谷下一个定义，这是毫无疑问的。不过，这段旅程赐予了我一个新的目标。与大多数摄影记者一样，我相信照片具有一种神奇的力量，能够改变人们关于周遭世界的既有观点，甚至有可能推动社会变革。我在硅谷拍摄的照片呈现了那些人改变世界的历程，并记录了他们的生活点滴。这就是我的使命。在我看来，这些照片是有意义的。对于那些慷慨应允我为其拍照的人，我感激不尽。谨以此书献给他们，以表达我对他们那无以伦比的荣耀的敬意。

我的拍摄对象也肩负着自己的使命。他们知道自己能挣大钱，但那并不是他们的首要目标。他们想要创造出能够改变一切的炫酷玩意儿，他们中的许多人致力于改善人类的生活。使命很重要，为什么？因为对大多数人来说，金钱无法提供足够的动力，让他们在艰难时刻依然义无反顾地勇往直前。使命则关乎一生能成就何事，以及为实现梦想甘愿付出的代价。这是一种强大的精神，一种无法用商业计划书来量化的创造力，而这种创造力或许正是获取突破性技术所必需的。

对久经沙场的商人来说，我对那个时代的忠实信徒，以及他们为获得新技术而进行的无私奋斗的描述听起来可能过于简单，或者过于浪漫。然而，我亲眼看到，如果没有激情，如果缺乏那种想要实现目标的强烈欲望，那么，人们将一事无成。

《无畏的天才》一书能促使人们探讨与新技术开发有关的问题、新技术对我们生活的影响，以及我们目前面临的挑战。今天，美国急需科学、技术、工程和数学方面的人才。很多大学生对这些领域颇感兴趣，我们却无法将他们培养成优秀的人才。自 2000 年以来，美国还没有哪一项重要的科技创新能像个人电脑及其相关产业那样，在制造、营销和工程方面创造出数以百万计的就业岗位。电子商务和社交网络虽然也推动了社会变革，并创造了很多创业机会，但它们提供的传统岗位（附带福利和健康保险的全职工作）还不到 5 万个。

互联网泡沫破裂带来的一大负面影响是创新几乎停滞不前，因为投资人越来越喜欢低风险的短期项目。虽然硅谷现在正在经历新一波繁荣，新奇的想法层出不穷，但大多都是能够很快面世并投入使用的应用程序，因为投资人希望在短短 18 个月内就获得回报。那些进展缓慢但十分重要的技术进步（比如解决气候变化问题）需要投资人的耐心等待，而这样的“耐心”投资现在已无处可寻。不幸中的万幸，目前我们所处的这段看似平静的时期，或许只是 25 年一轮的技术潮流周期之间的正常波动。正如苹果公司联合创始人史蒂夫·沃兹尼亚克（Steve Wozniak）所言，能改变世界的产品并不是年年都会出现。25 年前出现的技术目前才趋于成熟，通过提供兼具实用性与创造力的产品，它们过去许下的承诺正在一一变成现实。

如今，新一波激动人心的技术浪潮即将到来，基因组学、纳米技术、传感器、量子计算和 3D 打印等新技术正在迅猛发展。随着越来越多的人参与到数字革命的浪潮中，富有创意的点子将如繁星一般让我们目不暇接、大开眼界。我们必须准备好迎接这波浪潮，在它奔涌而来之际鼓满风帆、乘风破浪。

在周游世界的旅途中，我发现在世界上的每个角落都能看到硅谷的馈赠。每一天，我都会打开笔记本电脑，使用手机，或打开一些应用程序。倘若追根溯源，它们都能追溯到我在那个年代的某一天曾经走进的某个房间。硅谷一直是这个世界上最伟大的创新引擎。新理想主义正在硅谷这片沃土上生根发芽。例如，斯坦福大学的设计学院在世界上享有盛誉，该学院鼓励“双重底线”公司的发展，这种公司为发展中国家提供切实可行、价格便宜的技术解决方案，同时还能保证盈利。比尔·盖茨和梅琳达·盖茨（Melinda Gates）夫妇发起了一场充满正能量的慈善运动，他们邀请 Facebook、谷歌等公司的人加入他们新成立的基金会，并吸纳那些在抗击疾病、解决贫困和教育问题等方面做出杰出贡献的人才。

我们可以从数字革命中吸取经验和教训，以帮助我们应对今天所面临的挑战。当今世界的建造者的故事能够激励下一代工程师和创业者继续前进，超越我们这个时代的局限与愿景，找到他们自己的“不可能的任务”，然后，使不可能成为可能，并将其变成现实。

在这番宏伟的事业与剧烈的翻腾之中，我发现他们拥有一种强烈的原始冲动，那就是发明工具。正是这股冲动，在过去几千年中推动着人类社会不断向前发展。我还看到，即使在现今的硅谷，一些无法控制的、狂野的东西依然存在，这些东西深藏在人类的本性之中。那些无畏的天才能够而且必将助推一场新的技术革命。当这场新革命抬眼远眺，望向那个连想象也很难企及的未来世界时，它或许便能够实现上一场技术革命所许下却没能真正实现的诺言。

CONTENTS

目　录

"I want some kid at Stanford to be able to cure cancer in his dorm room."

Steve Jobs, on his hopes for what his new black-cubed NeXT workstation would do.

1

无畏的天才

“我想让斯坦福大学的学生在宿舍里就能找到治愈癌症的方法。”

——史蒂夫 · 乔布斯

在谈到黑方块一般的 NeXT 计算机的功能时如是说。

这一天，罗斯·佩罗（Ross Perot）给了乔布斯 2 000 万美元

加利福尼亚州弗里蒙特（Fremont），1986 年

乔布斯是一个技艺高超的“表演者”，他深知引人注目的陈设可以产生巨大的力量。最能体现这一点的，莫过于这场别出心裁的正式午餐了。他邀请佩罗在这座废弃仓库的正中央与 NeXT 的董事会成员共进午餐，而他计划将这个仓库改造成 NeXT 的工厂。他告诉佩罗，他们正在建造全世界最先进的机器人装配流水线，届时，硬件的装配将完全实现自动化。他预计，NeXT 会成为硅谷最后一家年收入达到 10 亿美元的公司，每个月将出货 1 万台计算机。佩罗当时是美国教育改革运动的坚定拥护者，他被乔布斯的演讲深深打动了。于是，他投资了 2 000 万美元，并成为 NeXT 董事会的重要成员，这使得 NeXT 能够高速运转起来。

乔布斯正在为其团队讲解科技发展的 10 年周期

加利福尼亚州索诺马（Sonoma），1986 年

在一次外出会议上，乔布斯为新组建的 NeXT 团队上了一堂历史课，讲解了科技发展如何以 10 年为一个周期。每隔几个月，乔布斯就会带领公司员工及其家人前往乡间的一处寓所，探讨各种各样的技术问题。在那里，他会定期举行演讲，阐释公司的愿景，并鼓励才华横溢的联合创始人与员工们一起努力，以实现这个愿景。乔布斯希望搭上下一波科技浪潮，为此，他计划开发出计算能力相当于一台冰箱大小的大型机，但价格便宜、约 30 厘米见方的方块计算机，提供给高校使用，以此来“变革教育”。我问他，这是什么意思。他说，他想“让斯坦福大学的学生在宿舍里就能找到治愈癌症的方法”。他坚信这是可以实现的，他的整个团队也深信不疑。在这个崇高的目标之下，乔布斯还在寻求救赎与复仇。在此之前，由于与一位关键的董事会成员，也即他亲自请来的约翰·斯卡利之间产生了分歧，他在一场令他感到耻辱的“董事会政变”中被踢出了苹果公司。大多数行业权威人士都认为 NeXT 会迅速取得巨大的成功，乔布斯也对此深信不疑。然而，谁也没有料到，这居然是一段长达 10 年、充满了痛苦和挣扎的艰难时光。

创立之初

加利福尼亚州帕洛阿尔托，1985 年

NeXT 的联合创始人苏珊·卡蕾行走在他们位于鹿溪路的新总部中。当时，他们还在招聘员工，并将这空旷的地方改造成了办公室和实验室。若想在硅谷取得成功，你不仅得有一个好点子、一个优秀的团队和大量的资金，还得有一个地方来将梦想变成现实。通常来说，如果一家公司在创立之初就购买奢华的办公设备，那么它离失败也就不远了。乔布斯是在一个车库里创办了苹果公司，所以他决心在第二家公司中采用顶级室内设计。几年后，公司扩张，他们搬进了雷德伍德城中的豪华办公室，乔布斯还委托建筑大师贝聿铭设计了一座“飘浮楼梯”。

乔布斯思索着如何回应

加利福尼亚州帕洛阿尔托，1986 年

NeXT 的设计总监埃迪 · 李（Eddie Lee）说，当乔布斯生气时，他会以一种特别的方式“微笑着对你发脾气”。他会微微低头，脸上露出似笑非笑的表情，那么，你立刻就知道他马上要发飙了。这张照片展现的是 NeXT 早期的一次团队会议。在这种会议上，决策往往是在紧张的气氛中做出的，因为他们要边撰写商业计划书边执行该计划。当时，他们在会上做出了一个关键的决策，即同时为 NeXT 计算机开发软件和硬件，这比一开始只做软件的计划难多了。1986 年年初，在 NeXT 计算机的每个细节还有待完善之时，极具远见的乔布斯又意识到，卢卡斯影业（Lucasfilm）正在开展的数字动画事业必将创造历史。于是，他从自己的资产中拿出 1 000 万美元，买下了卢卡斯影业的计算机发展部，然后将其变成了一家新公司，并起名为皮克斯。

苏珊·卡蕾是你日常生活的一部分

加利福尼亚州索诺马，1987 年

卡蕾设计的好玩的图标和用户界面影响了全球几亿人的日常生活，这么说一点儿也不夸张。卡蕾是最初的 Mac 团队中的一员，设计了 Mac 早期的图标和大部分用户界面。她跟随乔布斯离开苹果公司后，参与创办了 NeXT 计算机公司，并担任创意总监。她的职责是监督 NeXT 计算机的图标与标识的创建，并与传奇人物保罗·兰德（Paul Rand）展开合作。后来，她设计或重新设计了许多计算机操作系统的图标，包括 Windows 和 IBM 的 OS/2。在这张照片中，卡蕾与同事金·詹金斯（Kim Jenkins）一起，在一次外出会议上聆听乔布斯关于公司未完成任务的分析。詹金斯是营销团队的核心成员，从微软来到 NeXT。就职于微软时，她创建的教育部门利润之高出乎所有人的意料，为过去几乎垄断了教育市场的苹果公司制造了麻烦，双方展开了激烈的竞争。

每周工作 90 个小时以改变世界

加利福尼亚州帕洛阿尔托，1986 年

在给 NeXT 团队做演示的过程中，乔布斯突然停了下来，说："嗨，大伙儿，圣诞节之前不如咱们晚上和周末都加班，然后放一个星期的假。"一位坐在角落里的工程师温和地说："嗯，史蒂夫，本来晚上和周末我们就在加班。"

Deep Shit

1. Modem
2. Tester Software
3. Browser
4. Performance Plan
5. Single Drive Cop
6. User Interface

Ankle Deep Shit

挑战清单

加利福尼亚州索诺马，1987 年

在一次外出会议的头脑风暴中，乔布斯列出了一份任务清单，写的都是待他的团队来解决的技术难题。在研发 NeXT 计算机的同时，乔布斯想要实现诺贝尔奖获得者保罗 · 伯格（Paul Berg）定下的挑战——为教育行业制造一台便宜的计算机，它的内存超过 1MB，显示器拥有百万像素，计算速度达到百万次浮点运算，即每秒可进行 100 万次浮点运算。如今，计算机的内存早已以 GB 计算，计算速度也已达到每秒 10 亿次浮点运算，但在那时，将这些性能组合在一台计算机中面临着相当大的技术障碍。

参观新工厂后的乔布斯

加利福尼亚州弗里蒙特，1987 年

有时候，乔布斯非常粗鲁且吹毛求疵，甚至睚眦必报，但他也经常喜气洋洋地咧嘴而笑，他的笑容富有感染力，散发着巨大的能量。在 NeXT 公司成立之初，他经常蹦蹦跳跳地走进办公室，然后立刻开始工作。即便如此，这张照片中所展现的他开怀大笑的欢乐时刻也是少见的。当时，乔布斯与公司员工一起，租了一辆老旧的黄色校车前去参观新的工厂。这张照片拍摄于他们从新工厂返回之后。

阳光

加利福尼亚州索诺马，1986 年

在初创的科技公司里工作的人很少有机会在户外待上几天，甚至很难见到阳光。这张照片拍摄于一次公司团建中，NeXT 一个年轻的员工坐在一台早期的麦金塔计算机前聚精会神地工作着。阳光“固执”地从关上的百叶窗的缝隙中“冲”进来，她却没有时间享受这明媚的阳光。

乔布斯“假装”自己是人类

加利福尼亚州门洛帕克（Menlo Park），1987 年

乔布斯似乎从来不知道休息。通常情况下，他就像激光一样专注于手上的工作。因此，当看到乔布斯在一次野餐活动中踢沙滩球时，我感到很惊讶。他看起来玩得很开心，但感觉更像是一场旨在鼓励员工放松的表演。以往的经验告诉他，团队需要休息，才能保持斗志急行军，最终创造出产品并投入市场。

乔布斯查看 NeXT 计算机外壳原型

加利福尼亚州圣克鲁斯，1987 年

这是一组罕见的展现乔布斯动态的照片。照片中，他与机械工程主管肯·黑文（Ken Haven）一起，正在为 NeXT 计算机外壳的表面质地而苦恼。这个外壳呈立方体状，采用铸镁材料，表面经过阳极氧化处理。镁合金既轻巧又牢固，但按照乔布斯的严格标准来生产这种立方体外壳需要复杂的工艺，这大大增加了生产成本，产品的发布会也因此被推迟。在这个过程中，每当乔布斯做出决策时，他必须确保这个决策是经过深思熟虑且值得冒险的。乔布斯有时候是冷酷无情的，因为他了解个中利害关系，并知道他做出的成千上万的决策中的每一个都至关重要——如果大多数决策都是正确的，那么项目就有可能成功；反之，则可能迅速走向失败。他必须确保那些向他提出解决方案或建议的人已经进行了深入思考，如此他才会赌上一把，采纳他们的建议。这可能意味着长达 20 分钟的大吵大闹，直到他满意为止。接着，他就像在大脑中触动了一个转换开关一样，脸上浮现出一个大大的笑容。“好的，棒极了！”他会这么说，然后开始探讨下一个问题。通常情况下，人们也会吵嚷着回应，给出自己所能想到的最好的答案。乔布斯似乎很欣赏和鼓励这种行为，并表示他喜欢与个性强硬的人共事。埃迪·李将他与乔布斯的交往视为他人生中最宝贵的经历之一。他说，与乔布斯交流当然是很艰难的，但他从不认为乔布斯是针对某个人，因为一切都是为了“让事情变得更好”。

物种进化

加利福尼亚州帕洛阿尔托，1988 年

这张照片展示了 NeXT 的一个办公隔间里的摆设——一个机器人“支配”着灵长类动物。在今天，这个摆设则象征着硅谷正在进行的关于人类未来的大讨论。人们认为科技创新的速度会呈指数级增长，于是，专家们相信，人类进化的下一阶段将是与机器融为一体。如今，人工智能、纳米技术和基因组学等领域已经取得了突破性进展，如果将这些进展结合在一起，那么人与机器的融合就有可能成为现实。不过，一小部分科学家却对此感到担忧，并通过著书立说或会议演讲的方式表达了他们的担心——这些技术可能会威胁人类作为一个物种的未来。虚拟现实领域的先驱杰伦·拉尼尔（Jaron Lanier）表示，在未来，我们会将思想上传到“蜂巢思维”中。我们将抛弃肉身，获得永生，但最终会像奴隶一样终日劳作，不停地撰写免费的维基百科条目。

前页图片

日亦 NeXT，夜亦 NeXT

加利福尼亚州帕洛阿尔托

NeXT 一步一步取得了进展。以下介绍按顺时针方向，从左上角的图片开始：

◎ NeXT 的制造工程师们正在检查一块电路板，这块电路板刚刚从 NeXT 工厂先进的机器人流水线上生产出来，拍摄于 1988 年的雷德伍德城。

◎ 服务协调员葆拉 · 洛伦茨（Paula Lorenz）正在她工作的 NeXT 工厂里休息 但没有离开她的办公桌，拍摄于 1990 年的弗里蒙特。

◎ 工程师们正观察着同事约翰 · 安德森（John Anderson）自由漫游的宠物蟒蛇，拍摄于 1998 年的雷德伍德城。

◎ 软件工程师特里 · 马特森（Trey Matteson）坐在地板上，克里斯 · 富兰克林（Chris Franklin）站在计算机前，他们和其他同事一起，在阳光充沛、被戏称为“硅滩”（Silicon Beach）的屋顶休息区附近工作。拍摄于 1987 年的帕洛阿尔托。

如何在一个月内卖出一万台计算机？

加利福尼亚州圣克鲁斯，1987 年

这张照片拍摄于 NeXT 公司在度假胜地圣克鲁斯举行的一次外出会议上。在会上，乔布斯向丹尼尔 · 勒维展示了他新起草的野心勃勃的生产计划。接着，他要求勒维及其销售与市场团队立刻起草一套销售策略并呈予公司，这套策略必须能够实现他的计划。那一天的晚些时候，勒维告诉我：“乔布斯一边挥舞着一本活页夹，一边说‘看看兰迪做的，实在是太棒了！你们现在想想如何在一个月内卖出一万台计算机’。”勒维召集他的团队，对他们说：“好了，让我们来干点有趣儿的事，让我们来实施 10 亿计划。”勒维及其团队计算了一下，想要达到 10 亿美元的收入，销售团队需要 200 人。乔布斯幻想着在某个神奇的日子之前，勒维及其团队能够按照兰迪的计划卖出一万台。那时候，他们的工厂都还没建起来呢。勒维及其团队很快就为“10 亿计划”设计了一场激动人心、充满戏剧性的展示。他们在展示中使用了各种小道具，比如鲍伊长刃猎刀和芭比娃娃，还有十几个鸡蛋。勒维在台上将那些鸡蛋打破，倒进一个碗里。接着，他把所有东西倒进一个类似公文包的东西里。这场展示令乔布斯十分满意，同事们也纷纷欢呼喝彩。

唯一的联结

加利福尼亚州硅谷

硅谷生活的重要组成部分是向投资人、同事和媒体解释并推销自己的创意。我逐渐爱上了通过观察手来了解我的拍摄对象的情绪状态。以下介绍按顺时针方向，从左上角的图片开始：

◎ 法拉隆计算公司（Farallon Computing），拍摄于 1990 年的加利福尼亚州爱莫利维尔（Emeryville）。

◎ Adobe 系统公司，拍摄于 1991 年的日本东京。

◎ Adobe 系统公司，拍摄于 1989 年的加利福尼亚州芒廷维尤。

◎ NeXT 计算机公司，拍摄于 1986 年的加利福尼亚州帕洛阿尔托。

◎ NetObjects 公司，拍摄于 1998 年的加利福尼亚州雷德伍德城。

◎ 杜邦公司的销售员，拍摄于 1991 年的马里兰州。

◎ 凯鹏华盈公司，拍摄于 1996 年的科罗拉多州阿斯彭（Aspen）。

◎ 法拉隆计算公司，拍摄于 1990 年的加利福尼亚州爱莫利维尔。

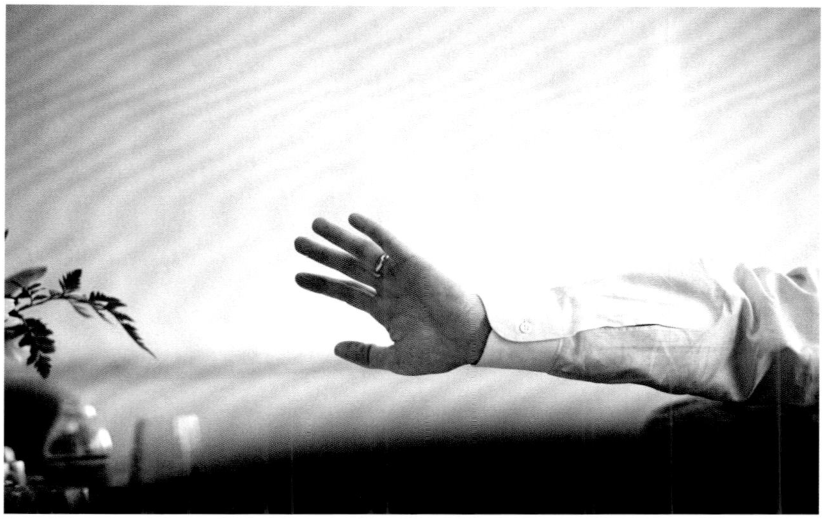

思考中的乔布斯

加利福尼亚州圣克鲁斯，1987 年

乔布斯不仅是一个技术专家，还是一个编辑、一个冷酷的猎手、一个精明的生意人。除此之外，他还拥有艺术家的直觉，总是梦想着用新的方法将现有的技术结合起来，创造出全新的东西。最重要的是，他在人文与科学的交叉点开辟出了一片处女地。他之所以如此与众不同，还因为他拒绝接受“不”。乔布斯身边围绕着世界上最优秀的科学家、市场营销人员和管理者，每个人都是他百里挑一招聘进来的。在他们入职之后，乔布斯便向他们施加压力，让他们去完成他们认为不可能完成的任务，为此，乔布斯有时甚至会对他们大呼小叫，直到他们超越自己的天赋，创造出乔布斯想要的奇迹。虽然 NeXT 硬件的研发过程波折不断，但乔布斯从未放弃自己的想法。他在 NeXT 进行的创新，对他后来重回苹果公司后获得的成功起到了非常关键的作用。

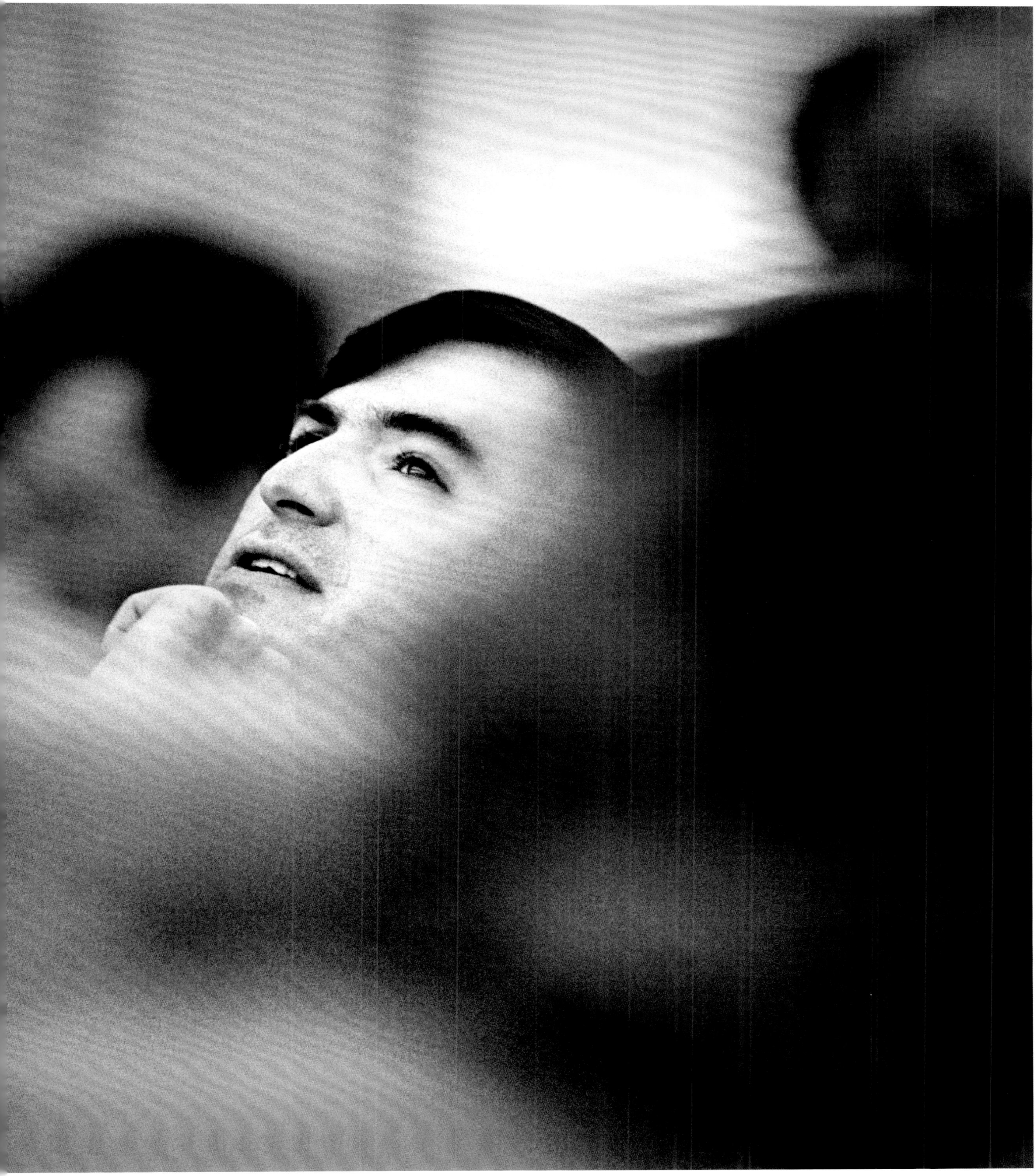

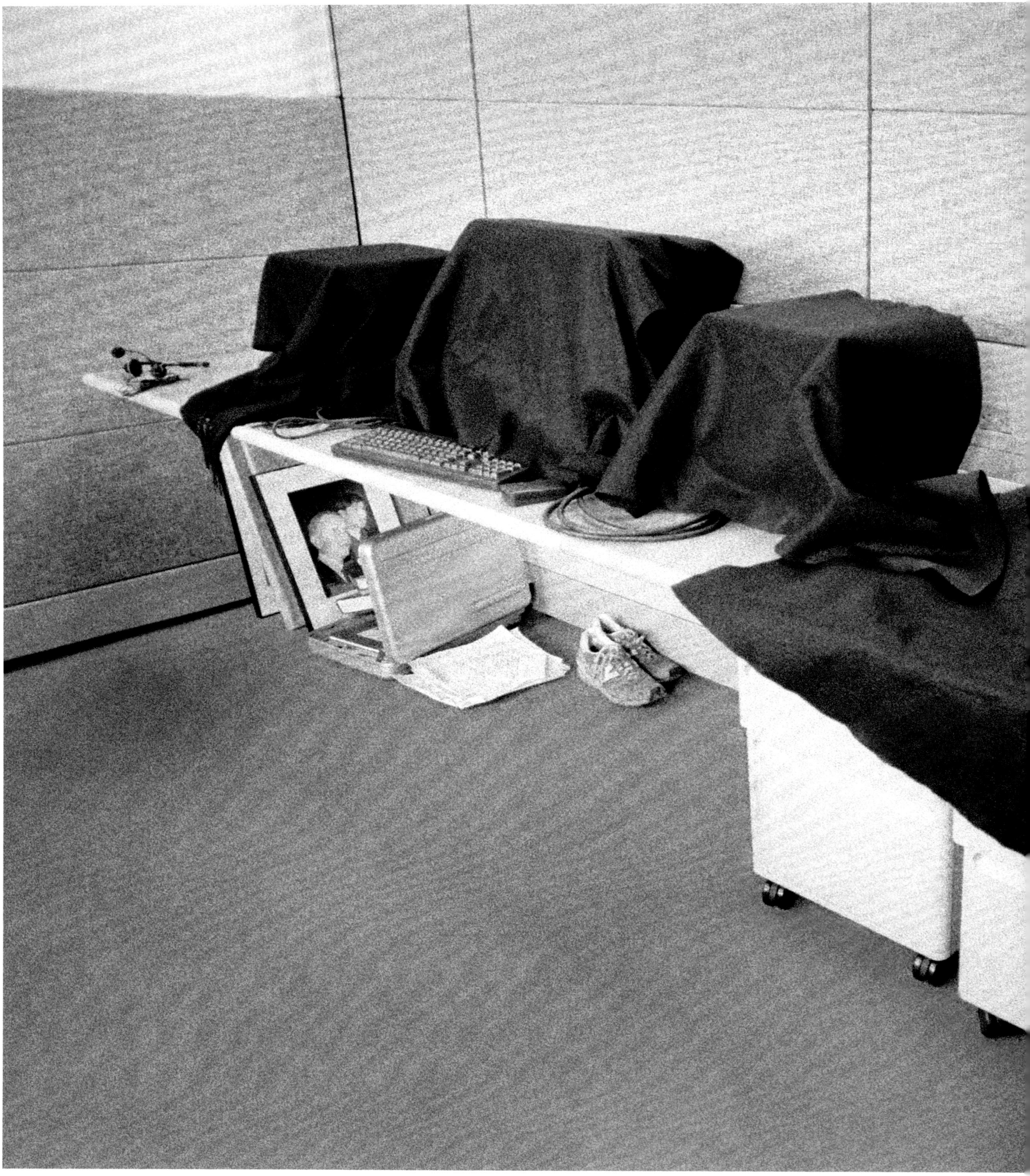

言多必失

加利福尼亚州雷德伍德城，1988 年

在 NeXT 计算机正式发布之前不久，乔布斯的办公室里便运行着一台完整的计算机原型，包括显示器、打印机和外围设备。他将一块黑色丝绒布盖在上面，以防参观者看见。当时的科技公司之间竞争十分激烈，同时也十分神秘，即使在公司内部大家也非常谨慎。参观者和员工走进 NeXT 公司最初位于帕洛阿尔托的办公楼时，首先映入眼帘的是一张第二次世界大战时期的复古英国海报，提醒着人们“敌方特工”就混在他们中间，尽量避免“无心的漫谈”。

箴言、诅咒、承诺与威胁

加利福尼亚州雷德伍德城，1988 年

在这张照片中，为了鼓舞疲倦的员工，乔布斯正在进行一场激情四射的演讲。在演讲中，乔布斯咆哮着，号称要向苹果公司和斯卡利复仇。当时，NeXT 公司正准备在旧金山和华盛顿特区举行的欢庆游行中展示 NeXT 原型机。不过，还要等上一年的时间，成品才能出货。

蜂蜜能吸引更多苍蝇

华盛顿特区，1988 年

NeXT 计算机东海岸发布会在美国国家航空航天博物馆（National Air and Space Museum）举行。发布会上，NeXT 董事会成员和早期投资者佩罗与潜在客户相谈甚欢，这些潜在客户均来自高等教育行业。有一次，在看到乔布斯训斥员工后，佩罗说：“乔布斯让我想起了在他这个年纪（30 岁）时的自己；后来，我学到了一点，那就是蜂蜜能吸引更多苍蝇。”[1]

[1] “蜂蜜能吸引更多苍蝇”（You catch more flies with honey）是一句英文谚语，意思是说，对人和善能交到更多朋友。——译者注

初始的终结

华盛顿特区，1988 年

佩罗、乔布斯和 NeXT 市场部主管凯茜·基尔科因（Kathy Kilcoyne）正在享受短暂的“余晖”。几天来，他们在 Educom’88 会议上向主要客户成功展示了 NeXT 计算机，此刻他们身上似乎还残留着希望的光芒。3 年来，乔布斯与他的小团队夜以继日地辛苦工作，以超人的毅力开发产品。乔布斯的救赎时刻与他光荣返回科技舞台的日子似乎指日可待了。然而，一切却事与愿违。发布会在公关上是一个巨大的成功，但是，乔布斯在教育界的主要合伙人却深感背叛，因为 NeXT 计算机的基价高达 6 500 美元，是乔布斯之前承诺的两倍还多。在这张照片拍摄的几天前，他们刚刚在旧金山举行了盛大的发布会。在此之后，乔布斯及其团队还要花上几个月的时间才能打造出最终产品。让人感到遗憾的是，随着销售停滞，这家公司逐渐失去光芒，最后淡出了人们的视线。他们打入市场时为时已晚，还面临着来自曾经的合作伙伴的激烈竞争，比如太阳计算机系统公司。NeXT 的产品一开始没有彩色显示器，使用佳能光盘驱动器来存储数据，虽然具有革命性，并且很酷，但运行速度慢得令人泄气。1993 年，乔布斯不得不关闭了 NeXT 硬件部门，这是一次让他十分痛苦的巨大失败。几年后，由于轮番为 NeXT 和皮克斯提供资金，他几乎花光了自己的积蓄，濒临破产。

不久后，皮克斯推出了轰动世界的《玩具总动员》（*Toy Story*）。接着，皮克斯成功完成首次公开募股，乔布斯因此成为亿万富翁。乔布斯及其团队为 NeXT 付出的努力终于迎来了回报：由于 NeXT 的软件领先竞争对手很多年，所以苹果公司于 1996 年买下了 NeXT 开发的面向对象的操作系统——NeXTSTEP。这使得苹果公司重新获得了创新的能力，NeXTSTEP 也成为今天苹果公司所有产品中的 OS X 操作系统的基础。乔布斯重回苹果公司董事会，很快夺回了一把手的位置。自此之后，他不断推出新产品，并且全部大获成功。与此同时，皮克斯也制作出了一部接一部票房火爆的电影。苹果公司一步步成为世界上最具价值的公司。在失望与挫折中卧薪尝胆十几年之后，乔布斯终于凯旋，造就了美国商业史上最伟大的回归之一。

"If you give someone a hammer, they can build a house or tear it down. Photoshop is just a better hammer."

Russell Brown, Adobe Systems creative director and Photoshop evangelist, addressing criticism from traditional photographers that digital technology was destroying photography.

2

身着戏服

“如果你给某人一把锤子，他可以用它来建造一座房子，也可以用它来拆除一座房子。Photoshop 只是一把更好的锤子而已。”

——拉塞尔·布朗（Russell Brown）

布朗是 Adobe 系统公司的创意总监，也是 Photoshop 的布道者。当传统摄影师抨击数字技术正在摧毁摄影时，布朗如此回应道。

TENSOR CALCULUS

Adobe 系统公司的两位创始人正准备发布 Photoshop 软件

加利福尼亚州芒廷维尤，1988 年

约翰·沃诺克和坐在左边的查克·格施克信心十足地准备发布 Photoshop 软件。这是一款革命性的软件，彻底改变了摄影与平面艺术。接着，他们发布了一个具有突破性的软件——PostScript。这个软件的编程过程足足花费了 2 万个工时。借助这个软件，个人电脑与打印机可以连接起来。这个看起来不足为奇的小功能实际上极难实现，它代表了自 1436 年古登堡发明铅活字印刷术以来印刷业最大的进步。沃诺克和格施克曾在施乐公司的帕洛阿尔托研究所（Xerox PARC）工作。由于这个绝妙的点子在施乐无人问津，于是，他们离开了施乐，并在 1982 年用 200 万美元创办了 Adobe 系统公司。在决定销售附带打印机的个人台式电脑之前，他们只读过一本商业书。最初他们并没有想到用字体或设计软件来变革桌面排版业。在 Adobe 系统公司创立几个月后，乔布斯找上门来，提出了收购要求。那是 1982 年的一天，乔布斯正春风得意地享受第一次登上苹果首席执行官宝座的日子。当时，正在开发的麦金塔计算机将附带一台激光打印机一起销售，但是乔布斯的团队编写不出所需的软件。格施克回忆起当时的情景，说他们拒绝了乔布斯的要求。乔布斯回应道：“你们这群傻瓜！”他们给投资人打电话讲了这件事，投资人要求他们想办法和乔布斯合作。于是，他们同意将公司 19% 的股份卖给乔布斯，为此，乔布斯支付了相当于该公司当时估值 5 倍的费用，并提前支付了 PostScript 软件 5 年的许可费。这使得 Adobe 成为硅谷历史上第一家在成立第一年就盈利的公司。

身着戏服的布朗

加利福尼亚州芒廷维尤，1989 年

在为早期的 Photoshop 进行公开辩护时，Adobe 系统公司的创意总监布朗一针见血地指出，这个软件就像锤子一样，只是一种简单的工具。你可以用锤子来建造一座房子，也可以用它来拆除一座房子。许多摄影师和平面设计师对数字技术抱有抵触心理，并猛烈地抨击 Photoshop。然而，Photoshop 最终赢得了创意界的认可，占领了市场，这其中功劳最大的莫过于布朗，因为他邀请了许多知名的摄影师、平面设计师和艺术家来参与 Photoshop 课程和讲座，并教会他们使用这个软件。

TRYING TO
THINK
TOUGH TASK
THINKING
Please do not disturb

前页图片

通用语

加利福尼亚州芒廷维尤，1988 年

一群 Adobe 字体设计师正在为 PostScript 设计日语字符集。1988 年，Adobe 系统公司开始销售日本汉字打印机，PostScript 由此成为首个真正国际化的计算机打印标准。它的底层算法可以描述所有语言的文字字体，因而很快成为新的全球"通用语"。

思考难题

加利福尼亚州芒廷维尤，1988 年

在开发新技术时，许多难题需要开发者独自思考并解决，这个过程发生在他们的大脑里。思考这些问题本身已经十分艰难，更别说同时还要避开日常工作中不断出现的各种干扰，这就难上加难了——我们现在称之为"多重任务处理"。

硅谷中的“绿洲”

加利福尼亚州芒廷维尤，1989 年

与 NeXT 等初创公司里常见的员工情绪大起大落不同，Adobe 系统公司的气氛平静且祥和，这也有利于激发员工的创造力。他们成熟的管理团队正在静悄悄地打造着一个即将誉满全球的品牌。这张照片里，平面设计师卢安娜·西摩·科恩（Luanne Seymour Cohen）在与工程师开会的间歇里休憩片刻。

极客云雨

加利福尼亚州芒廷维尤，1991 年

这张照片拍摄于 Adobe 系统公司的万圣节晚会。一对在现实生活中是情侣的员工，用电子时代的隐晦方式来表演原始的交媾场景。众所周知，科技公司的员工不善交际，他们通常十分羞涩，尤其是男性工程师。幻想类游戏和角色扮演游戏在他们中间十分流行，因此，他们十分享受可以穿上戏服的时刻。这对情侣在所有同事面前重复着这个“仪式”，以取悦他们。

灵魂之乐在于行动

加利福尼亚州硅谷

正如雪莱和莎士比亚所言，旅行的意义在于旅行的过程。在硅谷，人们 90% 的时间都是在紧张地工作，面对着挣扎、挫折、混乱与压力，但其间也有甜蜜的时刻。尽管难得一见，但在这一刻，压力似乎全都释放了出来。在工作中，他们有着明确的目标，因此，他们自信又乐观，坚信自己能克服困难、实现目标。最令人兴奋的事情莫过于攻克一道难题，或者在几个月的辛苦工作之后将压抑的情绪释放出来。以下介绍按顺时针方向，从左上角的图片开始：

◎　太阳计算机系统公司，拍摄于 1995 年的加利福尼亚州芒廷维尤。

◎　Adobe 系统公司，拍摄于 1992 年的加利福尼亚州芒廷维尤。

◎ 苹果公司的山下凯斯（Keith Yamashita），拍摄于 1992 年的伊利诺伊州芝加哥。

◎ 苹果公司，拍摄于 1994 年的新加坡。

◎ Adobe 系统公司，拍摄于 1992 年的加利福尼亚州苎廷维尤。

◎ 汤姆 · 里利（Tom Rielly），位于照片右方，拍摄于 1989 年的法拉隆计算公司。

◎ Adobe 系统公司，拍摄于 1988 年的加利福尼亚州 日金山。

◎ 苹果公司，拍摄于 1993 年的马萨诸塞州波士顿。

休假中

加利福尼亚州芒廷维尤，1994 年

有趣的场景背后往往隐藏着微妙的潜台词，传达着“工作不要停”的压力。硅谷的公司一开始只是一帮小子在车库里捣鼓的玩意儿，后来摇身一变，成为誉满全球的科技巨擘。到这时，他们也开始实行标准的公司制度，比如为员工购买医疗保险，员工可以享受带薪休假。看起来，Adobe 系统公司为员工提供了很好的福利。尽管如此，他们依然需要工作很长时间，竞争依然很激烈，休假也往往因此被推迟，甚至耽搁。当有的人真的选择休息几天，在他们享受了自己应得的假期并回到办公室后，可能会发现他们的办公室被“重新装修”了。

画家大卫·霍克尼（David Hockney）
在第一届 Adobe Photoshop 邀请赛上
加利福尼亚州芒廷维尤，1990 年

随着数字技术变得越来越强大，硅谷在无意中变成了文化的交叉口。世界各地的艺术家来到这里，渴望参与实验，并参加了诸如 TED 大会这样的活动，创造出了 20 世纪巴黎的那种气氛，只不过现在是发生在高速公路旁和办公园区里。早期的尝试者包括制作人昆西·琼斯（Quincy Jones）、音乐家彼得·加布里埃尔（Peter Gabriel）和赫比·汉考克（Herbie Hancock）。格雷厄姆·纳什（Graham Nash）也被深深吸引，开创了自己的艺术数字印刷事业。汤姆·沃尔夫（Tom Wolfe）撰写了关于集成电路的发明人之一罗伯特·诺伊斯（Robert Noyce）的文章。接着，更多作家纷至沓来，其中包括乔布斯的妹妹莫娜·辛普森（Mona Simpson）。与导演弗朗西斯·福特·科波拉（Francis Ford Coppola）一样，同为导演的乔治·卢卡斯（George Lucas）也成为数字电影领域的先驱。前卫的艺术家们聚集在一起，将新的数字理念融入时代精神，从而撼动着文化的基石。在这张照片中，霍克尼正抱着他深爱的达克斯猎犬，参加布朗组织的第一届 Adobe Photoshop 邀请赛。在这次活动中，霍克尼学会了使用第一版 Photoshop 软件。他在电脑房里愉快地抽烟，休息的时候则逗着他的爱犬。

一位模拟大师正在评论数字艺术

加利福尼亚州芒廷维尤，1990 年

在第一届 Adobe Photoshop 邀请赛上，霍克尼评论了他自己和其他参会者用全新的 Photoshop 软件创作的作品，他的助手（左）、平面设计师王敏（中）和 Adobe 创意总监兼邀请赛组织者布朗（右）正在聆听。

呐喊

加利福尼亚州旧金山，1988 年

Adobe 系统公司的一个员工在举杯庆祝过去一年的辉煌成绩时，发出了欣喜若狂的呐喊。他们的年终晚会在旧金山一个码头边的一座巨大的建筑内举行，据称花费了上百万美元。20 世纪 80 年代，随着硅谷的崛起和飞速发展，各种假日聚会极尽奢华，几乎堪比拉斯维加斯的秀场舞台。

"At the time I left, Apple was the number-one-selling personal computer in the world. We were, by the way, the most profitable computer company in the world, because IBM was losing money, HP was making almost no money from computers, Dell barely existed at that point, Compaq was failing."

John Sculley, former Apple Computer CEO, who grew the company after Steve Jobs left from $800 million to $8 billion in yearly revenue before he left in 1993.

3

英雄的旅程

“我离开的时候，苹果是世界上销量最大的个人电脑品牌。同时，苹果也是世界上最赚钱的个人电脑公司，因为 IBM 一直在亏损，惠普在电脑产业上几乎没赚到钱，戴尔在那时几乎还不存在，而康柏正在走下坡路。”

——约翰·斯卡利

苹果公司前首席执行官。在乔布斯离开苹果公司后，斯卡利在 1993 年离职之前将公司的年销售额从 8 亿美元提升到 80 亿美元。

斯卡利克服了面对媒体时的羞涩

加利福尼亚州弗里蒙特，1990 年

这张照片拍摄于苹果公司位于弗里蒙特的工厂内。照片中，苹果公司的首席执行官斯卡利用个人魅力征服了媒体。他曾患有口吃的毛病，而且极为羞涩，后来他克服了这些问题，成了百事公司的首席执行官。1983 年，乔布斯说服他加盟苹果公司。在逼走乔布斯之后，他将苹果公司的年销售额从 8 亿美元提高到了 80 亿美元。他虽然成就斐然，但在硅谷却频遭非议，不仅因为他赶走了乔布斯，还因为他在科技方面没什么建树和远见——这么说或许有失公正。实际上，他非常努力地在公司内部寻找并支持好点子，比如知识导航器（Knowledge Navigator）、软件代理、平板电脑和声控技术。其中，知识导航器在 1987 年就预见到了今天互联网的许多特征。1993 年 2 月，在斯卡利的权力如日中天之时，他被邀请参加比尔·克林顿总统的首次国情咨文演讲，而他的座位就在第一夫人希拉里·克林顿旁边。不久之后，斯卡利便发现，尽管苹果公司表面上看起来一切如常，但公司内部已经开始走向混乱，因为他们无法重写操作系统，也无法在微软的威胁之下继续创新。当一家科技公司创造出像麦金塔计算机这样成功的“现金牛”产品时，想要继续创新就变得难上加难，因为创新往往意味着扼杀现在这头现金牛。苹果公司的麦金塔计算机仍然是有利可图的，但它的市场份额因 Windows 的崛起而一落千丈。与此同时，苹果公司的一个小团队正在探索手持计算设备。对此，斯卡利提出了一个解决方案，即创造一条与麦金塔计算机平行但又互不冲突的新的收益流。这个方案为一个叛逆的团队打开了绿灯，而正是这个团队开发出了世界上第一台个人数字助理，也称为 PDA。这种新型产品名为牛顿（Newton），其目标市场在那时尚不存在。这是一场豪赌。

史蒂夫·卡普斯（Steve Capps）演奏电子吉他 Jaminator

加利福尼亚州圣卡洛斯（San Carlos），1993 年

在硅谷，卡普斯是一位谦逊的无名英雄。他参与设计了麦金塔计算机的访达程序（Finder），并协助开发了许多图形用户界面，过去几十年里所有用户界面创新都以此为基础。这张照片拍摄于他在家为牛顿掌上电脑开发软件的过程中。照片中，他正在演奏自己发明的电子吉他。你可以用这把吉他演奏钟爱的吉他独奏曲，也可以演奏许多流行的摇滚歌曲。由于每天要工作 20 个小时，卡普斯便决定在家办公。我前去拜访他的时候，经常看到他躺在前门廊上的床垫上睡觉，灿烂的晨光洒在他身上。他说，他希望牛顿掌上电脑用起来非常方便，这样他母亲也能使用。后来，卡普斯离开了苹果公司，加入了苹果的“友敌”——微软。

CALIFORNIA
SALESMANSHIP

苹果公司内的牛顿作战室

加利福尼亚州库比蒂诺（Cupertino），1993 年

照片中，苹果公司的程序员萨拉·克拉克（Sarah Clark）边工作边带着自己刚出生的宝宝。在团队紧锣密鼓地开发软件的两年中，她几乎从未离开过这座办公楼。当她准备小憩片刻或给孩子哺乳时，她就会拉上窗帘，这样同事们就会知趣地不来打扰她。她这种夜以继日地辛苦工作的状态在苹果公司十分常见，管理团队对此感激不尽，为此，他们在管理上进行了许多调整，比如实施弹性工作制。与此同时，斯卡利展示了自己的领导才能，大胆提拔女性员工担当重要的职位，这在当时的硅谷是十分罕见的。一个很少有人考虑的问题是，编写代码的程序员决定了机器的行为及其与用户交互的方式，如果编写代码的人不是一个 20 多岁的白人男性极客，会发生什么呢？世界观不同，程序员编写代码时优先考虑的因素也不同，这可能会改变技术的本质，而这些技术正塑造着我们的行为与文化。

史蒂夫·沃兹尼亚克

加利福尼亚州旧金山，1991 年

这张照片拍摄于一次苹果产品发布会之前。苹果公司的联合创始人沃兹尼亚克（中）与首席执行官斯卡利（右）一道，正在观看一台早期的任天堂游戏机。苹果公司的许多人惊讶地发现，与华尔街过于关注短期利益以及典型的美国式商业计划不同，任天堂为自己构思了一个基业长青的商业模型。

新思维的新工具

加利福尼亚州库比蒂诺，1992 年

唐娜·奥古斯特（Donna Auguste）是苹果公司的高级工程经理。作为传奇计算机科学家兼苹果公司副总裁拉里·特斯勒（Larry Tesler）团队的一员，奥古斯特负责协调牛顿掌上电脑的开发工作。她本科时在加州大学伯克利分校学习电气工程和计算机科学，并在卡内基·梅隆大学获得了硕士学位。之后，她来到硅谷，步步高升，然后被斯卡利聘用。她对待员工十分有耐心，会不断给予员工帮助与支持，这对总是面临危机的团队来说是一剂良药。在一种新产品中使用一项新技术已经实属不易，乔布斯却想在 NeXT 的一款新产品中实现多项新技术与现有技术的结合。在相距不远的苹果公司里，牛顿掌上电脑团队也在努力做着同样的事情。除了开发新的硬件和软件，牛顿掌上电脑团队还必须创造出跨越多个已有品类的产品形象和品牌。那时，苹果公司只生产个人电脑，所以整个团队需要从零开始学习有关消费类电子产品市场的一切，因为那才是牛顿掌上电脑的目标市场。

苹果技术支持部门的呼救

得克萨斯州奥斯汀，1996 年

麦金塔计算机的设计初衷是易于使用，但随着不断的发展演变，它逐渐变得复杂笨重、不易操作。用户十分懊恼和愤怒，将怒气发泄在技术支持部门员工的身上。在位于奥斯汀的苹果中心，一个员工在地上摆出了这样一个图形，以发泄他对苹果漏洞百出的 QuickDraw 软件的不满。

展示准备工作进展不顺

内华达州拉斯维加斯，1993 年

苹果公司打算在拉斯维加斯向美国的所有媒体展示牛顿掌上电脑，在准备演示的时候，机器发生了故障。活动策划人麦克尔·维特林（Michael Witlin）气得躺在地上，公关专员特里西娅·陈（Tricia Chan）只得打电话向卡普斯寻求帮助。最后，正式发布会上没有向媒体展示真正可用的产品，但与此同时，特里西娅和卡普斯在隔壁房间里进行了一场成功的演示，不过观众只有《华尔街日报》和《纽约时报》的记者。他们认为，如果机器再次发生故障，那些记者会更加宽宏大量。这两份报纸发表的文章对牛顿掌上电脑赞许有加，其他大多数媒体也不例外，因为虽然软件崩溃了，但整个演示并不是一无是处，观众的反应也很积极。牛顿掌上电脑承诺将整理用户的联系人、地址、日程表和笔记，并提供红外线传输、传真和电子邮件等功能，这比其他设备超前了很多年。同时，它还使用了一种先进的、基于自然手势的手写体识别软件。对于这款识别软件，苹果公司已经钻研了很多年，但一直无法解决其中的棘手问题。然后，在很偶然的情况下，这个难题被解决了。在 1987 年莫斯科的一天夜里，正值冷战快结束的日子，苹果公司董事会的一个成员在酒店房间里听到一阵狂乱的敲门声。他打开门，门外站着一位俄罗斯工程师，对方紧张兮兮地交给他一张光盘，然后迅速离开了。光盘中正是苹果公司梦寐以求的手写体识别软件。他们很快便将这个软件应用于牛顿掌上电脑。即便有了这份神秘的帮助，他们所需的识别软件依然需要花费很多年才能开发出来，而苹果公司当时似乎已经没有时间了。

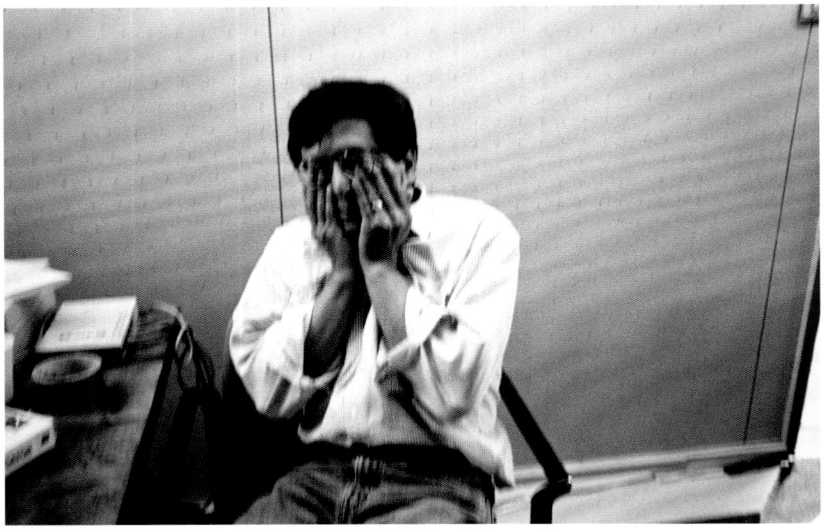

至死才眠

加利福尼亚州硅谷

在硅谷工作的确回报丰厚，但是，硅谷的公司对员工（甚至员工对同事）普遍抱有一种不言而喻的期待，即每个人必须不停地工作，直到累趴下。这可能会让竞争变得白热化。苹果公司的一位经理经常让员工通宵工作，然后在第二天清晨 6 点和他一起跑步。接着，他会开一整天的会，晚上则出去见客户。这既是为了展现男子气概，也是为了展示意志力的极限。今天，我们知道，员工睡眠不足会导致工作中错误百出，进而大大降低工作效率。以下介绍按顺时针方向，从左上角的图片开始：

◎ 苹果公司的马丁·甘豪尔姆（Martin Gannholm），拍摄于 1993 年的加利福尼亚州圣卡洛斯。

◎ 苹果公司的伯特·卡明斯（Burt Cummings），拍摄于 1992 年的内华达州拉斯维加斯。

◎ 苹果公司的卡普斯，拍摄于 1991 年的加利福尼亚州库比蒂诺。

◎ 苹果公司的山下凯斯，拍摄于 1991 年的加利福尼亚州库比蒂诺。

◎ 法拉隆计算公司的里斯 · 琼斯（Reese Jones），拍摄于 1980 年的加利福尼亚州伯克利。

◎ Adobe 系统公司的沃诺克，拍摄于 1988 年的加利福尼亚州芒廷维尤。

◎ NeXT 计算机公司的迈克尔 · 霍利（Michael Hawley），拍摄于 1987 年的加利福尼亚州圣克鲁斯。

◎ 凯鹏华盈公司的布鲁克 · 拜尔斯（Brook Byers），拍摄于 1995 年的科罗拉多州阿斯彭。

百万行代码

加利福尼亚州库比蒂诺，1992 年

这张照片拍摄于苹果的牛顿掌上电脑开发期间，照片中，程序员彼得·阿利（Peter Alley）正在休息。为了在芝加哥举行的国际消费类电子产品博览会上发布牛顿掌上电脑，斯卡利要求程序员们加班加点地工作。30 个程序员要在短短一年的时间里写出 100 万行代码，但一切似乎没什么进展。董事会渐渐失去了耐心。在董事会的施压下，为了让牛顿掌上电脑尽早面世，斯卡利从菲利普公司挖来了加斯顿·巴斯蒂安斯（Gaston Bastiaens）。他们决定用一种更新、更快的芯片取代牛顿掌上电脑原有的芯片，为此需要重新编写所有代码。于是，管理团队重新设定了任务的截止时间，再给程序员们一年时间来重新编写这 100 万行代码。不久之后，一个名叫矶野耕（Ko Isono）的年轻程序员下班回到家，给手枪装上子弹，朝自己的心脏部位开了一枪。

脑库（Braintank）

加利福尼亚州库比蒂诺，1992 年

在一间被称为“脑库”的绝密房间里，苹果公司的产品营销经理迈克尔·赵（Michael Tchao）正在召开营销会议。会议的气氛十分压抑，矶野耕的惨死对整个团队来说是毁灭性的打击。不过，经过年终假日期间痛苦的反思和短暂的休整之后，整个团队重整旗鼓，决心完成任务，并展现出团结一心、破釜沉舟的士气。卡普斯、迈克尔·赵和团队其他成员在放假期间坚持工作，在技术方面取得了显著进步，极大地鼓舞了士气。他们还在牛顿掌上电脑的软件代码中埋藏了一段纪念矶野耕的悼词，只有内部人士才能看到。

苹果婴儿

加利福尼亚州库比蒂诺，1993 年

牛顿掌上电脑团队工作的时间越来越长，几乎每个周末都会加班。于是，他们开始把家人带到办公室，这样，他们就可以在白天见到家人。

想象一下，如果你可以……

德国汉诺威，1993 年

在一次新闻发布会之前，牛顿掌上电脑团队的成员迈克尔·赵、娜孜拉·阿拉斯提（Nazila Alasti）和苏珊·舒曼（Susan Schuman）发现，他们带来用于演示的8 台牛顿掌上电脑原型机全部死机了。几百个德国记者为了一睹这款前途无量的新产品，已经在台下等了一个多小时。在后台，他们可以听见那些正在痛饮免费啤酒的德国记者醉醺醺地反复大喊："牛顿！牛顿！"迈克尔·赵随即登台，开始介绍他手中已经无法使用的牛顿掌上电脑原型机。他指着身后的大屏幕说："想象一下，如果你可以……"在这场发布会后不久，迈克尔·赵离开了苹果公司，加入了耐克，并在耐克开启了一段成功的职业生涯。几年后，乔布斯邀请他回到苹果公司，负责 iPad 的营销工作，监督它的上市发布。这为他在牛顿掌上电脑时期开启的一道轮回画上了圆满的句号，也为曾抛洒的血汗和青春进行了最好的辩护。

前页图片

计算好的风险

北加利福尼亚州，1993 年

牛顿掌上电脑团队的软件工程师不顾“产品完成之前不得冒生命风险”的命令，挑战万有引力。为此，他们的上司、软件工程经理奥古斯特很不开心，但她也理解他们辛苦工作了很多年，需要释放压力。

狂热粉丝

马萨诸塞州波士顿，1993 年

在万众期待的牛顿掌上电脑发售之日，苹果产品的忠实用户在店门外等待了数小时。此前，苹果公司已经多次推迟了与制造伙伴夏普公司定下的截止日期。夏普不得不加紧生产了 4 000 台尚运行着测试版软件的牛顿掌上电脑，以赶在发售日之前运往波士顿。一直到商店开门，牛顿掌上电脑团队的员工还在发疯似地用胶水将零件粘在一起。此前，就如因果报应一般，斯卡利在一场董事会政变中被驱逐出去，已经被迫辞去了首席执行官的职务。不过，他还是出现在了活动现场，亲自担任主持人，对牛顿掌上电脑团队给予支持，好似在曲终人散之前上演了一场悲喜交加的终曲。他用开创性的牛顿掌上电脑来重振苹果公司的计划最终失败了，因为他们未能实现预期销量。不过，牛顿掌上电脑却为之后大获成功的 PalmPilot 掌上电脑铺平了道路。乔布斯重回苹果公司之后，砍掉了苦苦挣扎的牛顿掌上电脑项目，但是牛顿掌上电脑的许多核心理念依然存在于今天的 iPhone 和 iPad 中。

"More jobs and wealth were created than at any time in human history."

L. John Doerr, partner at Kleiner Perkins Caufield & Byers, reflecting on the digital revolution and its legacy.

4

这是人类的故事

“人类历史上空前丰富的就业机会和财富被创造出来。”

——约翰 · 杜尔

凯鹏华盈合伙人。他在提及数字革命及其影响时这样说道。

diet Coke
MacroM
Road to
diet Coke

杜尔及其合伙人在讨论互联网的未来

加利福尼亚州帕洛阿尔托，1994 年

在这张照片中，杜尔在凯鹏华盈投资公司著名的周一晨会上发表自己的看法。每周一早晨，他们都会召开会议，对他们可能投资的公司进行评估。在会议上，创业者们会进行简短的演讲，然后期待有一个最好的结果。那时，凯鹏华盈已经投资了几家早期的互联网公司，比如开发了网站开发工具 Flash 的宏媒体公司（Macromedia）。当时，他们正准备投资网景通信公司，随后引发了一场网络公司淘金热。如今，凯鹏华盈依然是一家成功的风险投资公司，历史悠久，闻名遐迩。杜尔和公司一起，寻觅并投资了一大批成功的企业和企业家，包括莲花软件公司、太阳计算机系统公司、美国在线（AOL）、Intuit、@Home、亚马逊、网景通信公司、谷歌和星佳公司（Zynga）等。据杜尔估计，他所投资的企业一共创造了 20 万个就业岗位。今天，凯鹏华盈的合伙人包括美国前副总统阿尔·戈尔（Al Gore）、科林·鲍威尔将军（General Colin Powell）、威廉·伦道夫·赫斯特三世（William Randolph Hearst III）和太阳计算机系统公司创始人比尔·乔伊。凯鹏华盈用一群朝气蓬勃的公司打造出了一个价值连城的企业联盟，这些公司可以共享人才和资源，成功的概率也得以大大提升。

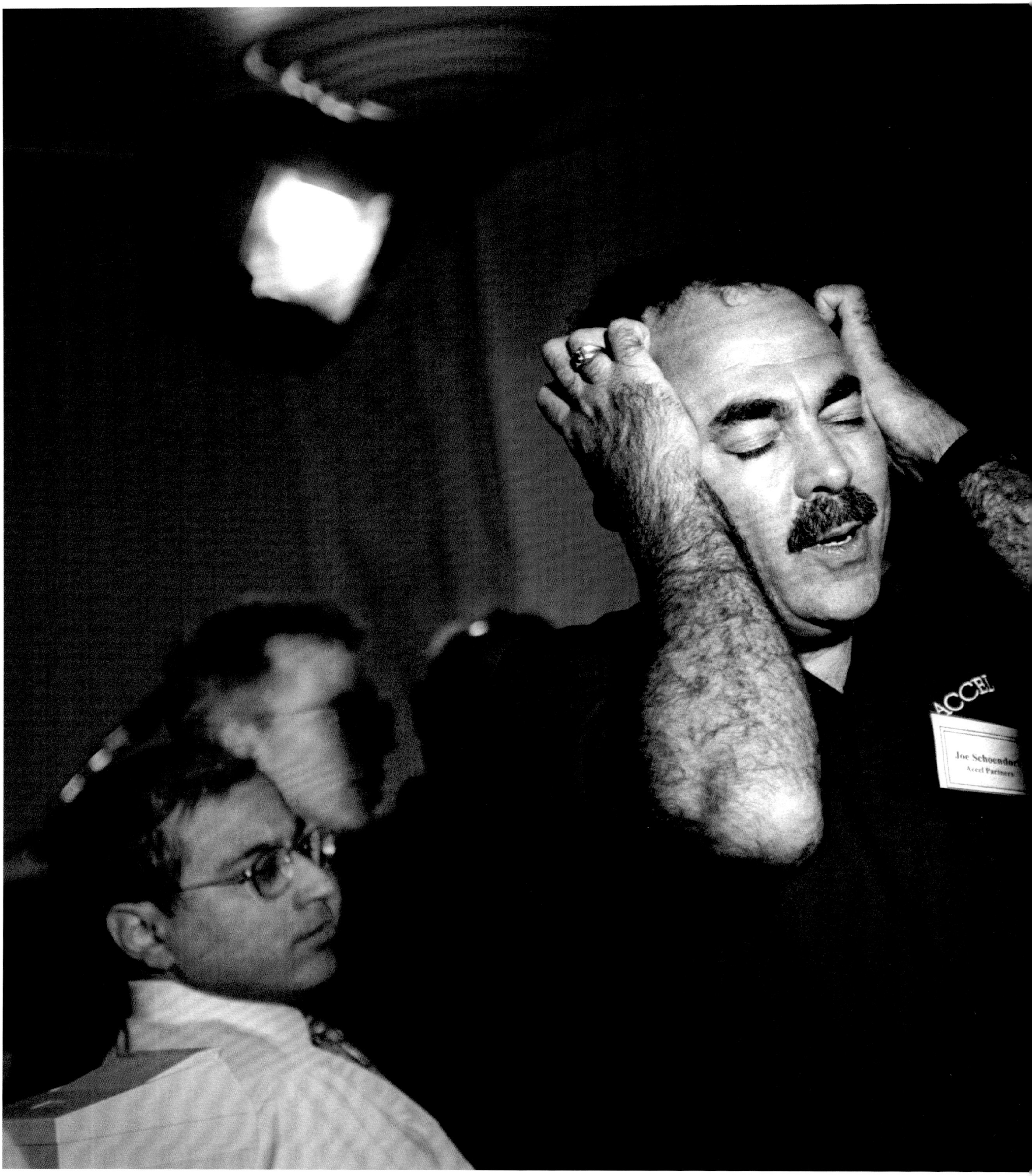
ACCEL
Accel Partners

电梯演讲

加利福尼亚州帕洛阿尔托，1997 年

在顶级风险投资公司为创业者举办的一次特别活动中，来自 Accel 合伙公司的乔·肖恩多夫（Joe Schoendorf）正在评论一个创业者的点子。

前页图片

寻找“钻石”

加利福尼亚州旧金山，1991 年

在一次计算机行业会议上，凯鹏华盈的合伙人离开了会场，挤在附近一家酒店的套房里。他们收到了大量初创企业发来的寻求投资的请求，必须从中挑选出投资对象。以下介绍按顺时针方向，从左上角的图片开始：

◎ 弗洛伊德·夸默（Floyd Kvamme）和里吉斯·麦克纳（Regis McKenna）。

◎ 意大利企业家兼 NetFRAME 公司首席执行官恩佐·托雷西（Enzo Torresi）和吉姆·拉利（Jim Lally）。

◎ 太阳计算机系统公司联合创始人维诺德·科斯拉（Vinod Khosla）。

◎ 拉利将要讨论的文件一一摆在地上。

现在能听到我说话吗？

加利福尼亚州旧金山，1991 年

在一次计算机行业会议上，凯鹏华盈合伙人拜尔斯（左）和杜尔（右），以及瑞士信贷（Credit Suisse）首席执行官弗兰克·夸特隆（Frank Quattrone），正兴奋地使用着全新的摩托罗拉翻盖手机。数十家科技企业在夸特隆的帮助下成功上市，其中包括思科和亚马逊。

权势餐桌

加利福尼亚州帕洛阿尔托，
1995 年

凯鹏华盈公司的名字是由 4 个人的名字构成的，其中一位就是拜尔斯。这张照片拍摄于凯鹏华盈公司为拜尔斯举办的一场晚宴，宴会上，大家讲了一些拜尔斯的趣事。拜尔斯与宴会上的其他人一样，是当时（也是今天）硅谷最成功的风险投资家。拜尔斯主要负责凯鹏华盈对生物技术、健康医疗和制药方面的投资。照片左侧是受人敬仰的公共关系创新者麦克纳。乔布斯刚创办苹果公司时，他指导过乔布斯，向他传授了自己出神入化的公关技艺。

投资人

加利福尼亚州旧金山，1991 年

这张照片拍摄于在旧金山一家酒店里举行的一次科技会议。硅谷遍地都是邋遢的工程师创立的公司，相比之下，旧金山只略微靠北一些，却仿佛隔着一个世界。在这里，风险投资人正在做交易。如果没有优秀的投资人为年轻创业者的理念和天赋承担巨大的风险，数字革命就不可能发生。1975 年，硅谷获得的外部投资总额不过区区几百万美元。在这张照片拍摄之际，这个数字已经逼近 100 亿美元，而且还在持续飙升。到 2000 年，这个数字攀升至了惊人的 1 110 亿美元。

执行战术

科罗拉多州阿斯彭，1995 年

这张照片拍摄于凯鹏华盈一年一度的峰会上，合伙人拜尔斯（照片上部）与约瑟夫·莱科布（Joseph Lacob）正和孩子们一起玩触身式橄榄球（touch football）。公司合伙人、机构投资人、精心挑选出来的创业者带着家人们一起，来到科罗拉多州，参加凯鹏华盈在阿斯彭举行的峰会。他们在会上回顾过去一年的工作，制定未来的战略，并在附近的落基山脉中放松身心。

兼并前的年轻富豪

科罗拉多州阿斯彭，1995 年

在阿斯彭峰会间歇，美国在线的首席执行官史蒂夫·凯斯（Steve Case）正在查看电子邮件。5 年后，时运不济的美国在线就与时代华纳公司（Time Warner）合并了。此时，美国在线是互联网领域的一家先锋企业，在 20 世纪 80 年代末让几百万人用上了电子邮件等互联网服务。凯鹏华盈在很早就相信它的理念，并成为其早期的投资者之一。

另一个亚马逊

科罗拉多州阿斯彭，1995 年

在凯鹏华盈一年一度的阿斯彭峰会上，我妻子特蕾莎注意到一个男人的 T 恤上印着“亚马逊”（AMAZON）的字样。特蕾莎来自巴西，于是我们上前攀谈，想同他聊聊巴西和那条著名的河流——亚马孙河。接着，我们同那个和善的男人一起坐封闭式缆车升上了阿斯彭山。这个人不是别人，正是杰夫·贝佐斯（Jeff Bezos）。他向我们解释说，他刚刚创立了一家公司，名叫亚马逊。他在我们面前演练了一遍他的募资演讲，并问我们觉得怎么样。我们能说什么呢？他的演讲既令人震惊，又让人不安。他的公司将给实体书店带来巨大的冲击，但他的理念十分炫酷又切实可行，很显然是势不可当的。令人惊讶的是，贝佐斯与他过去在华尔街的同行不一样，他愿意打高风险的持久战，并决心先占领市场份额，再考虑盈利的问题。事实证明，他是对的。时至今日，亚马逊几乎仍是美国商业界中唯一信奉该商业哲学的公司。

KPCB

克林顿总统真的很聪明

加利福尼亚州芒廷维尤，1995 年

在连任竞选期间，克林顿总统参加了硅谷顶尖首席执行官们组织的募资活动。照片中，杜尔（中）正与克林顿交谈，他帮忙组织了此次在麦克纳家中举行的参访活动。在晚宴上，首席执行官们向克林顿抛出了许多刁钻的问题，涉及科技、贸易和经济等领域。克林顿总统耐心地听完，然后按顺序对每个来宾的问题做出了回答，展现出了令人惊叹的丰富知识，甚至一些晦涩的加密技术知识，他也能信手拈来。每个人都掏出了支票簿，为他的竞选活动慷慨解囊。

下页图片

雄心壮志

科罗拉多州阿斯彭，1993 年

从阿斯彭峰会上的对话和演讲中，你可以感觉到新技术在改变人类生活方面拥有巨大的潜力，人们对此兴奋不已。凯鹏华盈邀请了世界上最聪明的创业者、科学家、未来学家和金融家，举办了一个气氛活跃、振奋人心的论坛，有点像为“圈内核心人物”量身定做的小型 TED 大会。人们谈论着自己正在开发的技术、希望开发的科技，以及为保持竞争力而需要了解的技术，思想与理念在轻松的氛围中碰撞出创造力的火花。

"Maybe the revolution is the point, not the profit."

Bill Joy, cofounder, Sun Microsystems, on the importance of long-term, patient investments required to solve big technology challenges such as climate change.

5

走出失败

“或许，革命的重点不在于利润，而在于这场革命本身。”

——比尔·乔伊

太阳计算机系统公司联合创始人。

他在谈到解决技术大挑战（如气候变化）所需的长期投资时这样回应道。

比尔·盖茨说，人们为一张照片支付的价格不应该超过 50 美元

加利福尼亚州尼古湖（Laguna Niguel），1992 年

这张照片拍摄于 Agenda' 92 会议上，这个会议的组织者是以优雅与辛辣而闻名的斯图尔特·艾尔索普（Stuart Alsop）。照片中，微软首席执行官盖茨正在谈论为大众创造内容如何越来越便宜的话题，并与记者们就 Windows 拖延已久的“雾件”升级展开辩论。在采访环节，艾尔索普对盖茨毫不仁慈，尖锐地问他为何 Windows 拖延了这么久。同年晚些时候，在影响深远的第三届 TED 大会上，盖茨在谈到数字内容和照片成本时说：“人们为一张照片支付的价格不应该超过 50 美元。”接着，他表示，他正在西雅图修建一座高科技的宅邸，内部将装饰有电子屏幕，可以不间断地播放不同的图片。然而，以他所设想的规模，想获得所有图片的授权要花很多钱。因此，他开始思考如何才能拥有或控制规模巨大的图片档案库。这催生了图片库的商业构想，这个项目最初被称为“Continuum”，其目的是开发在线分发的大型图片库。微软还从卢卡斯影业挖来史蒂夫·阿诺德（Steve Arnold）负责 Continuum 的运营。在 TED 大会的后台，摄影师的忠实维护者、缅因州创意图片中心创始人琼·罗森堡（Joan Rosenberg）被盖茨的演讲激怒，尖叫着向他冲去。阿诺德及时上前挡在盖茨身前，制止了罗森堡。罗森堡心里明白，盖茨的话意味着摄影师过去赖以生存的传统方法已经开始走向死亡。事实上，Continuum 的第一份合同便遭到摄影行业媒体的猛烈抨击，因为它用一种咄咄逼人的方式“掠夺”了摄影师的权利，甚至要求更改图片所有人姓名。于是，Corbis 应运而生。

项目开始

华盛顿州西雅图，1989 年

照片右方的史蒂夫·鲍尔默（Steve Ballmer）是微软公司负责系统软件的高级副总裁，他正在位于华盛顿州雷德蒙德（Redmond）的微软总部与几个程序员交谈。1989 年，鲍尔默主要负责与 IBM 合作开发 OS/2 操作系统。不久之后，合作中止，微软全心投入已经带来巨大利润的 Windows 操作系统的开发工作。鲍尔默以其暴躁古怪的脾气和总爱大喊大叫而著称。有时他很顽皮风趣，但有时他又十分可怕，尤其是在面对微软的竞争对手时。2000 年，鲍尔默成为微软首席执行官；2014 年，他辞去了该职务。

EXIT

欧特克公司员工的爱犬

加利福尼亚州圣拉斐尔（San Rafael），
1995 年

在首席执行官卡罗尔·巴茨的带领下，欧特克成为第一家允许甚至鼓励员工带着宠物来上班的科技公司。现在的研究显示，在家中和办公室里与宠物互动能降低心率、缓解压力，但在那时，这一趋势体现了新一代工程师对硅谷文化的深刻影响。欧特克是三维计算机辅助设计（CAD）软件的拓荒者。这种软件对建筑师和工程师来说非常有用，广泛应用于施工设计、制造业、媒体与娱乐等领域。然而，在互联网泡沫破裂之时，巴茨和整个公司经历了一段艰难的日子。巴茨说："我会去参加拥挤不堪、全程只能站着的投资人会议，同'该死的二手高尔夫球交易网站创始人'一起发表演讲，全场只有 4 个股东听我讲话。"巴茨坚持了下来，并在 21 世纪初带领公司坐上了计算机辅助设计软件市场的头把交椅。

英特尔第 11 号半导体制造工厂的工间操

新墨西哥州里奥兰乔（Rio Rancho），1998 年

英特尔公司最大的芯片制造厂里的工人在休息时锻炼身体，舒展筋骨。这座工厂是一个巨大的无菌洁净室，因此，进出工厂的人员必须穿上这种保护性的“兔子服”，以防止皮肤和毛发污染车间。这些工人昼夜不停地工作，每秒生产 5 个芯片。他们中的许多人来自邻近的普韦布洛（Pueblo）印第安部落。他们工作时与高科技打交道，休息时则保持着他们的传统文化。下班后，许多人会先同家人一起在玉米地和豆田中劳作，然后再吃晚餐。在行业巨头英特尔的帮助下，微软的 Windows 操作系统几乎垄断了互联网市场。今天，世界上大多数个人电脑都使用英特尔的芯片。这家公司的创始人是业界传奇人物戈登·摩尔和罗伯特·诺伊斯，他们雇用的第一个员工是安迪·格鲁夫。摩尔提出了著名的摩尔定律，诺伊斯则参与发明了微芯片，正是这种芯片赋予了硅谷名字，并促进了它的繁荣发展。后来，格鲁夫成为英特尔的首席执行官，并带领英特尔进入了一段高速增长的时期。乔布斯创办 NeXT 计算机公司时，格鲁夫成为他的良师益友。乔布斯虽然痛恨微软的 Windows 操作系统，也不喜欢英特尔对微软的支持，但英特尔的奔腾处理器刚发布时，他承认它是“市面上最酷的产品”。在重新执掌苹果公司后不久，乔布斯就将苹果电脑的芯片换成了英特尔的芯片。

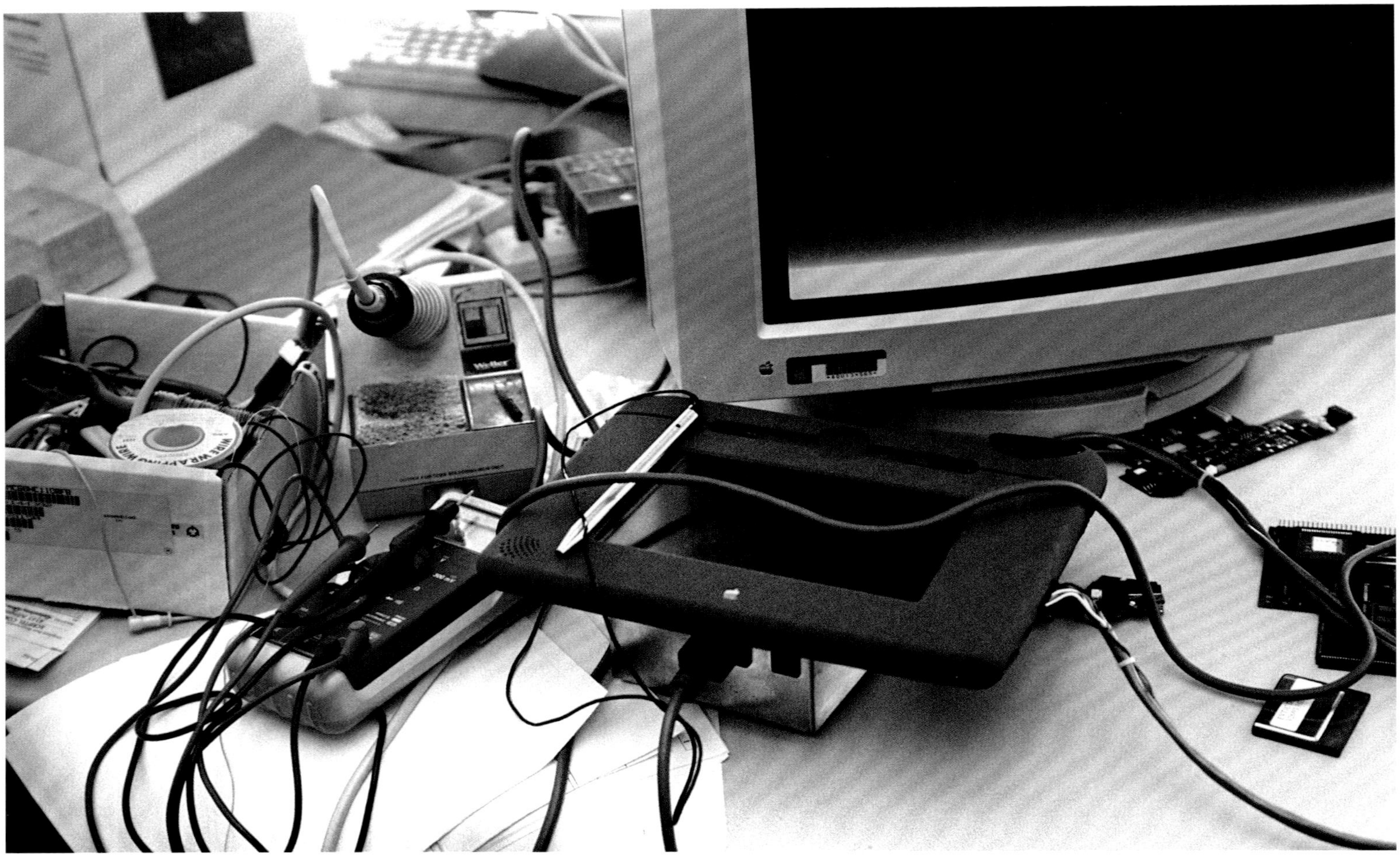

TEACHER'S
HIGHLAND CREAM
Scottish
HAGGIS

前页图片

人类活动的证据

加利福尼亚州硅谷

在硅谷这个巨大的旋涡中，很难找到一张干净整洁的办公桌。人们的办公桌上通常布置着精心制作的个人装饰品，辅以成堆的文件、电子元件或正在开发的原型机零部件。这种杂乱不堪的景象通常反映了他们的工作节奏。以下介绍按顺时针方向，从左上角的图片开始：

◎ 一台平板电脑大小的牛顿掌上电脑原型机，似乎预兆了 iPad 的诞生，拍摄于加利福尼亚州库比蒂诺的苹果公司，1993 年。

◎ 桌上的小摆件和家庭照片明确地划出了个人领地的范围，拍摄于 1992 年的加利福尼亚州芒廷维尤的太阳计算机系统公司。

◎ 新加坡苹果工厂的一个工程工作台，拍摄于 1994 年。

◎ 苹果公司的牛顿掌上电脑原型机，拍摄于 1992 年的加利福尼亚州库比蒂诺。

各执己见

加利福尼亚州圣马特奥（San Mateo），1990 年

在一次紧张的投资会议间歇，一名男性经理与一位女士起了争论，前者正咄咄逼人地发表自己的观点。巨额的退休金和养老金不断流入硅谷，这种投资基金的流入，刺激着人们的情绪，削弱了人们的判断力。与此同时，虽然女权运动取得了很大进展，但硅谷依然是一个由男性主导的地方。在那个时期，女性必须全力以赴地做好每件事情，但大多数情况下依然无法与男性平起平坐。尽管在管理职位上出类拔萃的女性越来越多，但在工程职位上，情况依然没得到什么改善。

焦虑笼罩着整个房间

加利福尼亚州爱莫利维尔，1991 年

在法拉隆计算公司举行的庆祝公司扩张与乔迁的聚会上，员工们讨论着在即将开幕的行业贸易展上进行产品展示的最后期限。在我记录硅谷的 15 年中，各家公司总是希望尽可能快地对外发布新产品。这种竞争压力是冷酷无情的，而且每年都在加大，丝毫没有减弱的迹象。不过，与产品上市之前的市场推广工作，也就是对新产品的定位和品牌建设相比，真正将产品推向市场反而成了次要的事情。过去，资源主要是用来研发产品；而如今，越来越多的资源被用于为各种贸易展览开发演示样品。贸易展览本身也因此变得利润丰厚，成为一种新的创新机会，并完全围绕着新产品的市场推广活动而展开。

胜利不是一切，但是唯一的目标

加利福尼亚州伯克利，1989 年

在这张照片中，法拉隆计算公司的一个员工欢呼雀跃。这家公司的创始人是里斯·琼斯，他还是一位生物物理学家、发明家和投资人。法拉隆计算公司基于 PhoneNet 为麦金塔计算机开发了一个低成本的网络系统，借助这个系统，用户通过电话线就能使用 AppleTalk。琼斯拥有多项电信方面的专利，还开启了一个个人项目，即对地球生命的演化形式进行预测。

未知的未知数

加利福尼亚州弗里蒙特，1990 年

在泛林集团（Lam Research）的一个精密等离子刻蚀工具的装配车间里，一位工程师正在努力解决电气连接的问题。这台机器主要用于生产硅集成电路。

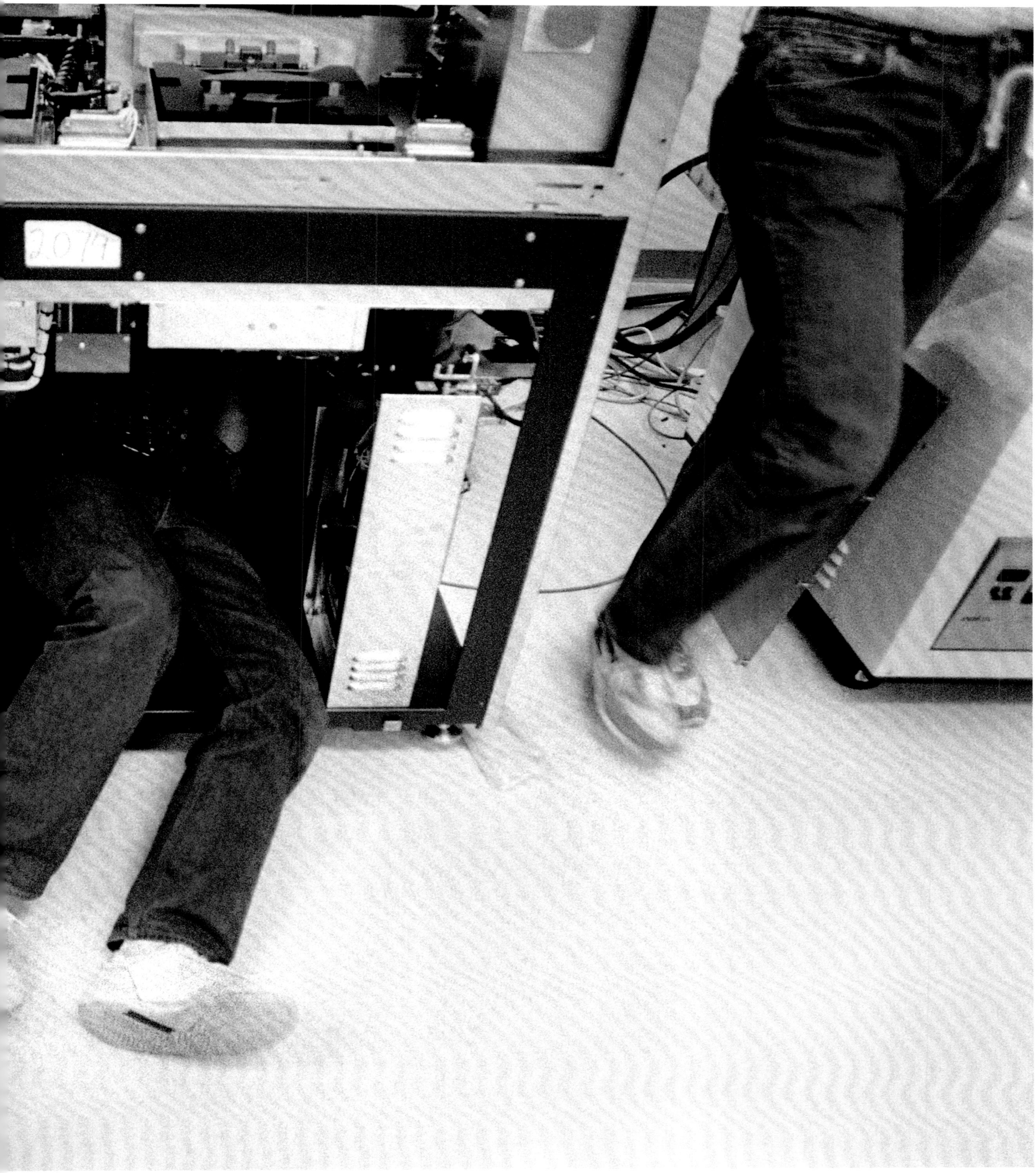
2077

新机器的灵魂

瑞士苏黎世，1997 年

让 · 冯培莱恩（Jean Fompeyrine）是 IBM 先进功能材料组的纳米技术科学家，他正在调试分子束外延系统。这种系统能用不同的材料生产出在原子层面上精确排列的薄膜。

未来的时间到了

瑞士苏黎世，1997 年

在 IBM 先进功能材料组的实验室里，一台传统的瑞士钟正滴答作响，度量着时间的流逝。

正确的地点，恰当的时间，合适的技能

加利福尼亚州芒廷维尤，1996 年

在公关专员（右）的支持下，精疲力竭的马克·安德森正在接受电话采访，由他推波助澜的全球数字革命的巨浪也将他推到了风口浪尖。早在网景导航者（Netscape Navigator）浏览器发布之时，媒体就开始软磨硬泡，想采访他，因为这个浏览器让大众能够方便快捷地访问互联网。1994 年，安德森与计算机图形学先驱吉姆·克拉克（Jim Clark）一起，利用克拉克的资金和凯鹏华盈合伙人杜尔的资助，创办了网景通信公司。安德森还是伊利诺伊大学的一名学生时，就参与开发了 Mosaic 浏览器，之后被克拉克招至麾下。网景浏览器一经推出便大获成功，在 1995 年到 1996 年间迅速占据了 90% 的市场份额，他们从中获得了大量收益，但直到 1995 年 8 月上市之时，公司都未实现盈利。网景通信公司的首次公开募股打破了首日市值的纪录，这家尚未盈利的网络公司的市值瞬间飙到了 29 亿美元，成为硅谷历史上的一座里程碑。1996 年，安德森赤脚坐在宝座上的照片登上了《时代周刊》的封面。网景通信公司的首次公开募股改变了投资的传统风向，激起了人们对网络公司的疯狂追捧，即使那些公司还没有开发出产品，或还未赚到一分钱。微软公司已经注意到了南方的网景通信公司，随即发布了免费的 IE 浏览器，并将其绑定在 Windows 95 操作系统中。到 1997 年年初，如巨人歌利亚征服大卫一般，微软在浏览器之战中占据了上风。网景通信公司坚持迎战，在 1998 年开始裁员，以节省开支。然而，网景通信公司的市场份额依然不可阻挡地下滑，其速度之快就好似当初它飙升那般迅猛，在短短几年的时间里，其市场份额就从绝对主导跌至了 1%。

贝克曼仪器公司的工程师们

加利福尼亚州富勒顿，1989 年

当年，贝克曼仪器公司是惠普最大的竞争对手。这张照片中，贝克曼仪器公司的资深工程师们衬衫上夹着口袋护套，里面装着计算尺，给人一种传统书呆子的形象。他们代表了数学界的先驱、第二次世界大战期间和太空竞赛时期的技术英雄，以及缔造了硅谷的一代科技巨人。而从他们手里接过“接力棒”的，是乔布斯那一代嬉皮士极客。这群新人懒散又反叛，满脑子都是新奇的想法。他们扔掉了口袋护套、领带、计算尺和规章制度，彻底改变了原本以小心谨慎为特征的工程师文化。今天，美国科技行业中的工程类职位缺口达到了几百万，并没有足够多训练有素的工程师来填补这个缺口。美国劳工部的数据显示，从 2011 年 2 月到 2012 年，在科学、技术、工程和数学等领域大约有 300 万个职位无人问津。人们已经意识到了这个问题，但尚未找到简单有效的解决方法。2012 年，美国计算机科学博士毕业生的人数比 1970 年还少。对于计算机科学专业，美国任何学历水平的毕业生数量都无法与中国、俄罗斯和印度等国家相抗衡。在小布什当政期间，工作签证的发放法规发生了变化，导致所有工程专业的留学生毕业后必须立刻回国，这进一步减少了美国工程人才的总数。

BECKMA

UP
Delicate Instruments
Don't Drop
TRUVEL

成功带来的麻烦

加利福尼亚州圣克拉拉（Santa Clara），1992 年

依托速度快、成本低的工作站产品，太阳计算机系统公司比其他科技公司都更快地实现了 10 亿美元的年收入。随着巨大的成功而来的是日益增大的竞争压力，在短短几年里，这家公司的员工数量就超过了 1.5 万人，一些部门不得不搬到更大的办公室。

下页图片

掉转船身

纽约州的 IBM 公司，1997 年

以下介绍按顺时针方向，从左上角的图片开始：

◎ 照片中的手属于 IBM 的一位研究科学家，他正在研究显示在屏幕上的虚拟现实图像。拍摄于 1997 年的纽约州阿蒙克（Armonk）。

◎ IBM 的科学家丹尼尔 · C. 埃德尔斯坦（Daniel C. Edelstein）正与同事一起检验铜芯片原型。这种芯片非常先进，如果上市，将震惊整个行业。在旧的行业标准中，铜的导电性能优于铝，这种新芯片的内部连接线由铜制成，确保了微处理器的速度在未来几年里能持续提升。拍摄于 1997 年的纽约州东费什基尔（East Fishkill）。

◎ IBM 的一个研究员正在准备演讲，拍摄于 1997 年的纽约州东费什基尔。

◎ IBM 首席执行官路易斯 · 郭士纳（Louis Gerstner）正在谈论 IBM 当时正在进行的大规模重组，拍摄于 1997 年的纽约州阿蒙克。

Chapter 1
Testcase Definitions

比尔 · 乔伊为了人类的未来而忧心忡忡

科罗拉多州阿斯彭，1998 年

乔伊是大名鼎鼎的程序员、太阳计算机系统公司的联合创始人，他还是加州大学伯克利分校的一名学生时，就编写了伯克利 Unix 系统。他曾帮助美国国防部开发了 TCP/IP 堆栈代码，有了这些代码，电子邮件即使在遭受核攻击时也能沿着阻力最小的路径传输。接着，他参与创立了太阳计算机系统公司，成了一位亿万富翁，同时身兼丈夫、父亲和艺术赞助人等多重身份。他还支持并帮助完善了编程语言 Java 的代码，而 Java 可能是太阳计算机系统公司最重要的遗产。现在，乔伊认为，不受控制的创新以及为创新而进行的创新会威胁人类的生存。2000 年，乔伊在《连线》杂志上发表了一篇檄文，讨伐当时公认的一个理念——科技的发展不应受到限制。这篇文章震惊了整个科技界。在与著名科学家雷 · 库兹韦尔（Ray Kurzweil）会面，并聆听了库兹韦尔关于“奇点”的理论后，乔伊逐渐形成了自己的理念：当奇点来临之际，计算机将获得自我意识，我们可以将思想上传到“蜂巢思维”中。他警告人们，如果不对 21 世纪最强大的技术之间的融合严加控制，那么，它们就有可能毁灭整个人类。这些强大的技术包括机器人、超级计算机、纳米技术和基因工程。在过去的 10 年里，乔伊一直在世界各地搜寻可规模化的绿色技术解决方案，以应对日益严峻的气候变化问题。乔伊说，他已经找到了 10 个“爱迪生”式的人物，只要为他们提供一定的资金，他们就能取得重大的突破。令人感到遗憾的是，乔伊发现，愿意冒险支持这类极具挑战的长期项目的投资人越来越少了。

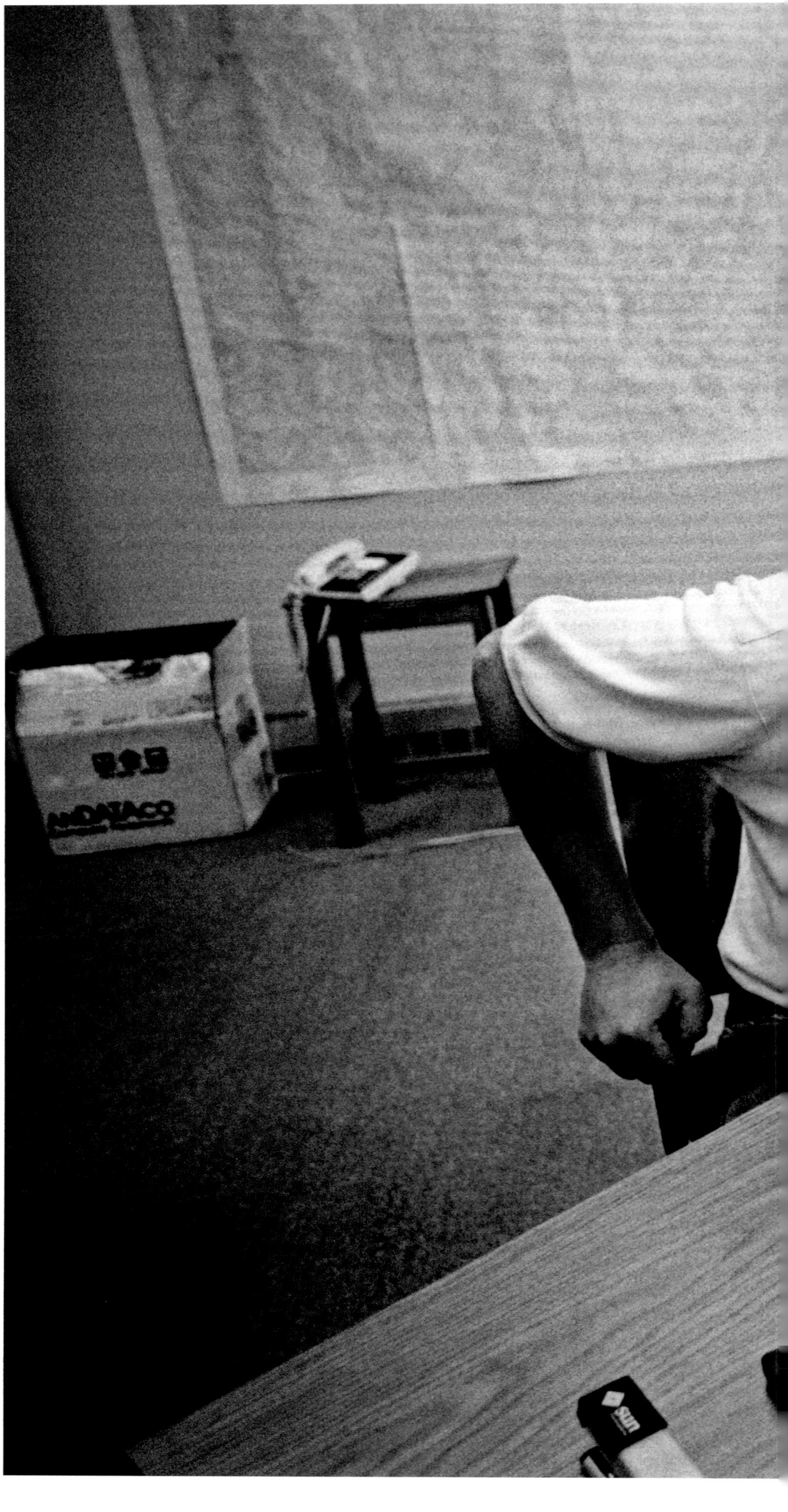

DIET

小于连“尿”洒太阳计算机系统公司的战场

加利福尼亚州圣克拉拉，1995 年

在太阳计算机系统公司的办公大楼楼顶，一面海盗旗迎风飘扬，一尊仿制的比利时小于连雕像正放肆地撒尿。与此同时，在楼下，1 000 多名员工正在打水仗。在公司首席执行官斯科特·麦克尼利（Scott McNealy）的带领下，所有高级管理人员手持精良的水枪，战场横跨整个公司园区。太阳计算机系统公司生产的工作站由 Unix 系统驱动，凭借这种产品，该公司在 1985 年至 1989 年间成为发展速度最快的科技公司。

SOAKERS

团结一心，战无不胜

加利福尼亚州圣克拉拉，1992 年

这张照片展现了一场混乱而激烈的水仗，交战双方是太阳计算机系统实验室队与软件部门队。最后，他们通过谈判达成了一份“平等条约”，宣告双方打成了平局。他们浑身湿透地走下战场，犹如凯旋的英雄。

"The best part of the story is, by noon Monday I had ten million dollars in the bank."

Samir Arora, cofounder and CEO of internet start-up NetObjects, relating his comeback from the brink of failure due to his investors' cutting off his company's funding.

6

黄金时代

“这个故事最精彩的地方在于，到星期一中午时分，我的银行账户里躺着 1 000 万美元。”

——萨米尔 · 阿罗拉

互联网初创公司 NetObjects 的联合创始人兼首席执行官。

他在谈到自己走出失败、重整旗鼓时这样说道。

阿罗拉当时濒临破产，因为投资人终止了对 NetObjects 的投资。

使命

加利福尼亚州雷德伍德城，1998 年

时任 NetObjects 公司首席执行官兼联合创始人的萨米尔·阿罗拉正在发表演讲。他的动员演讲个性鲜明、激动人心，极大地鼓舞了员工的士气。演讲结束后，他将与投资人召开一次重要的董事会会议。后来，阿罗拉成了媒体巨头 Glam Media 的领导者。阿罗拉是一位擅长鼓舞人心的领袖。他受到乔布斯的启发，在 1986 年从印度来到美国，进入苹果公司担任工程师。阿罗拉撰写了一份白皮书，展现了他对计算机未来的深刻洞察。这份白皮书令他步步高升，很快就成为苹果公司首席执行官斯卡利的直接下属。那段时间，他协助开发了知识导航器。阿罗拉离开苹果公司后，同大名鼎鼎的平面设计师克莱门特·莫克（Clement Mok，坐在左上角）、戴维·克莱因伯格（David Kleinberg，坐在左下角，侧脸对着镜头），以及他的兄弟萨尔·阿罗拉（Sal Arora，未出现在照片中）一起创立了 NetObjects 公司，开发出了第一款让任何人都能制作网页的软件。很快，NetObjects 就成为一家炙手可热的初创公司。他们的使命是让更多的人能访问互联网。他们拥有绝妙的产品创意、充足的资金、相对便宜的办公室，办公室里甚至有桌上足球和乒乓球桌。NetObjects 拥有一个才华横溢、锲而不舍的团队，即使拿着低工资也愿意加班加点地工作，因为他们希望某一天能通过他们所持有的公司股份大赚一笔。他们坚信自己的产品一定能成功，这与当时许多网络公司的员工截然不同。不过，来自竞争者（比如微软的 FrontPage 软件）的压力与日俱增，投资人也要求他们尽快完成首次公开募股。在这张照片拍摄时，阿罗拉向员工们传达的信息是：他们需要比过去更加努力地工作。

整夜编程后留下的残局

加利福尼亚州雷德伍德城，1997 年

这张照片拍摄于 NetObjects 公司总部的一个清晨。桌子上一片狼藉，堆满了工程师们留下的中餐纸盒。为了完成软件的一个重要升级，他们彻夜未眠，辛苦工作了一整晚。程序员工作时所需的“原材料”还包括比萨、汽水和巧克力蛋糕卷。

新员工必须戴上气球帽子

加利福尼亚州雷德伍德城，1998 年

在 NetObjects 公司总部举行的一次员工会议上，阿罗拉（照片右部的柔焦内）正在敦促团队努力工作，以保持网页设计软件市场的领先地位。新员工必须戴上由气球制成的帽子，因为他们相信，这种温和的恶作剧能增强团队成员之间的凝聚力。在压力非常大的工作环境中（或战场上），这种凝聚力至关重要。

虔诚的信徒

加利福尼亚州雷德伍德城，1998 年

维克托·佐德（Victor Zaud）是 NetObjects 公司的产品设计总监，他与莫克一起组建了一个 6 人产品设计团队，他们设计的 Fusion 软件交互界面荣获了许多奖项。在这张照片中，他正在与同事谈论他在软件升级中所秉持的设计哲学。佐德试图通过视觉设计激发出人们的情绪反应，他说，设计如果无法做到“美味可口”，就会给人“笨重如马”的感觉。他特别欣赏苹果公司前设计师、NeXT 公司前创意总监卡蕾为 NetObjects 的导航栏设计的图标。后来，佐德和卡蕾都加入了阿罗拉的新公司 Glam Media。这种人力资源在项目之间流动的现象在硅谷十分常见，因为硅谷是一群聪明绝顶、天资非凡之人的家园，他们聚集在一起创办新公司，然后各奔东西，再次遇到彼此后又一起创立另一家炫酷的新公司……未来学家兼思想领袖保罗·萨福（Paul Saffo）表示，这种像弹球机一般的运动模式与人才流动，正是硅谷成为独一无二的创新引擎的重要原因之一。

发明新技术与就坐有许多不同的方式

加利福尼亚州雷德伍德城，1998 年

罗拉·钟（Laura Zung）是 NetObjects 公司的工程主管，她在公司以她不同寻常的坐姿而闻名。这张照片中，她正在与同事讨论 Fusion 软件最新版本的发布日程和市场推广策略。她经常将文件摊在地上，然后蹲坐在椅子上，眼不离纸，同时慢慢地转着椅子。当时，NetObjects 面临着一个重要的工程决策，即是将组织网页内容所使用的通用编程语言 HTML 吸纳进他们的软件，还是保持原有的封闭式专有系统。最终，他们选择了后者。

WEEK

萨米尔 · 阿罗拉征服投资人

加利福尼亚州雷德伍德城，1999 年

在一个星期五的下午 4 点钟，NetObjects 正在举行一场董事会会议，成员们一直争论不休。此时，争吵越来越激烈，投资人坚持要求公司首席执行官兼联合创始人阿罗拉辞职，辞去包括董事长在内的职务。微软带来的竞争等问题对公司施加的压力日渐增大，面对这些压力，阿罗拉采取的策略令投资人不满，因此，他们要求他辞职。会议结束后，董事会成员一个接一个地离开了，只剩下阿罗拉与他在董事会中两个最主要的支持者在屋子里大声争吵。在硅谷，一个经常上演的场景是投资人将创新者与创业者挤走，而原因可能是他们缺乏管理技巧或战略目标与投资人不一致。硅谷的大部分公司都经历过类似的事情。阿罗拉打破了这个传统。出乎所有人意料的是，他拒绝退出董事会，也不愿放弃自己的理想，反而强烈要求投资人离开。投资人愤怒了，立刻终止了对 NetObjects 的投资。一个小时后，在那个星期五的下午，阿罗拉不得不向 125 名员工宣布，在长达 4 年抛洒血泪的辛苦工作后，他们真的遇到麻烦、深陷困境了。阿罗拉表示，他不会关掉公司，并将设法找到资金。据佐德回忆，阿罗拉希望那些依然信任他的人可以留下来，但公司暂时发不起工资了，而那些不再相信他的人可以选择离开。佐德留了下来，大部分团队成员都选择了留下来。阿罗拉开始给他认识的所有投资人打电话，到第二周星期一中午，他的银行账户上就多了 1 000 万美元。这简直是个奇迹！ NetObjects 转危为安！不久之后，阿罗拉与 IBM 达成了一份收购协议，为投资人创造了 1 000% 的投资回报率。1999 年 3 月，NetObjects 启动首次公开募股，但市场反应平淡，他们所获得的巨大成功似乎被泼了一盆冷水。不过，他们还是通过首次公开募股筹到了足够的资金，NetObjects 又撑了几年，接着再次被收购。当员工们安静地喝着香槟时，电视上播放着关于这次首次公开募股的新闻，美国有线电视新闻网（CNN）的一位主播问道：“这是否预示着互联网泡沫开始破裂？”是的。

梦醒时分

加利福尼亚州硅谷，2000 年

潮起必有潮落，有始一定有终，这是生命的自然循环。在我身处硅谷的日子里，那里的人总是担心一切将走向终结，这也是人们经常会谈论的话题。然而，当一切开始分崩离析的时刻真正来临时，却鲜有人察觉到迹象。从 1999 年年末到 2000 年，互联网泡沫开始破裂。这个过程一开始是十分缓慢的，就像用慢镜头记录灾难一样。接着，速度加快了，它以摧枯拉朽之势横扫硅谷的风险投资公司、华尔街，以及大型退休基金和散户投资者。到 2001 年，数万亿美元的股东价值蒸发殆尽。当时就好像有一片阴云从天而降，笼罩着旧金山湾区的所有人和所有事物，摧毁着人们的工作和梦想。不过，Web 2.0 很快就将崛起。当时，谷歌的发展十分迅猛，Facebook 和 Twitter 等公司也将加入战局，旧的秩序正在瓦解，一条条新路子从荆棘的灰烬中显现，新一代年轻人很快就会受到吸引奔赴硅谷。互联网泡沫的阴云依然笼罩在硅谷上空，投资人不敢投资那些风险虽大却能改变世界的项目。此时，一群朝气蓬勃的年轻人探出头来，四处张望，搜寻那些比短期应用更有意义的事物。一波崭新的创新浪潮正在逼近，足以令数字革命相形见绌。若想赶上这波浪潮，创新者必须充满激情、求知若渴，并像本书所展现的那些人一样，为了梦想甘愿牺牲一切。硅谷的开拓者从一开始就知道，只有无所畏惧地去冒险，并历经多年的艰苦奋斗，方可瞥见胜利的曙光。失败的泥淖中往往能孕育出成功的花朵。许多人在改变人类生活的过程中，在追寻梦想、将天方夜谭变为现实的过程中，也找到了自己人生的意义。

LOT NO.
w/ 89
LOT NO.

致 谢

这个项目开始于 30 多年前，在这期间，我得到了许多人的无私帮助。虽然无法对所有影响了我的人一一致谢，但我深深地感激每一个人。以下致谢名单如有遗漏，敬请谅解。

《无畏的天才》一书既是一部视觉化的回忆录，也是我对自己有幸亲历的历史事件的个人化解读。硅谷的许多专家和友人耐心地解答了我提出的各种问题，但由于我个人能力有限因此涉及技术等方面的错漏在所难免。

我要特别感谢史蒂夫·乔布斯，因为他愿意冒险，以极大的慷慨和信任欢迎我进入他的世界；我还要深深地感谢除他之外的所有允许我进入他们生活的人，无论是在硅谷还是在其他地方。我要将赞赏与感激献给我的编辑、Atria Books 的彼得·博兰（Peter Borland），他风趣幽默、经验丰富，耐心而坚定地将零碎的内容凝聚成一个整体；还有举止优雅、敢于冒险并一直激励我的出版人朱迪丝·克尔（Judith Curr）；还有设计师朱利安·佩普洛（Julian Peploe），他眼光独到、技艺精湛、经验丰富，设计出了精美的版面；还有 Atria Books 里其他不辞辛劳的工作人员，包括丹尼尔·勒德尔（Daniel Loedel）、达娜·斯隆（Dana Sloan）、吉姆·蒂尔（Jim Thie）、伊索尔德·索尔（Isolde Sauer）、珍妮·李（Jeanne Lee）、金伯莉·戈尔茨坦（Kimberly Goldstein）、克丽丝滕·勒米尔（Kristen Lemire）、戴维·布朗（David Brown）、希拉丽·蒂斯曼（Hillary Tisman）、丹·卡迪（Dan Cuddy）和莉萨·凯姆（Lisa Keim）。能与你们共事，是我莫大的荣幸。

我还要衷心感谢里克·斯莫兰（Rick Smolan）和珍妮弗·厄威特（Jennifer Erwitt），作为多年的朋友，他们及时给了我宝贵的建议，尤其是斯莫兰，我一开始给苏珊·卡蕾打电话正是听从了他的建议。我要感谢卡蕾欣然为我打开了未来之门，还有她在 NeXT 公司的同事和联合创始人丹尼尔·勒维，他的支持对我至关重要，直到今天他依然对我提携有加。我要特别感谢约翰·斯卡利和黛安娜·斯卡利（Diane Sculley）夫妇、约翰·沃诺克、查克·格施克、玛瓦·沃诺克（Marva Warnock）、拉塞尔·布朗、比尔·乔伊和香农·乔伊（Shannon Joy）夫妇、苏珊·洛克莱斯（Susan Rockrise）、埃迪·李、约翰·艾森（John Ison）、萨米尔·阿罗拉和丽贝卡·阿罗拉（Rebecca Arora）夫妇，感谢他们花费了如此多的时间倾听我的想法和提出建议，并支持这个项目。我还要感谢《生活》杂志的彼得·豪，他在听了我的想法后立刻坚定地信任我，支持这个长期项目，后来才有了这一切。我还要感谢艾略特·厄威特抽出时间评论我拍摄的照片，他仿佛点燃了火箭，将我“嗖”地一下送回了 20 世纪 90 年代，因而得以完善这个项目。我还要感谢无所不能的卡伦·马拉基（Karen Mullarkey），她拥有敏锐的眼光，给予我明智的建议并一直鼓励我，她还对照片进行了审慎而细致的编辑，并一张一张亲手数出了底片的数量——25 万张。我要感谢乔纳森·布雷特（Jonathan Breiter）、特里西娅·陈和戴维·莫尔（David Mauer），他们拥有敏锐的商业头脑，并与我保持着深厚而纯洁的友谊。我要感谢安·杜尔（Ann Doerr）和约翰·杜尔夫妇的满腔热忱与坚定信念，尤其是安，是她提请斯坦福大学关注我的照片。我要感谢迈克·凯利特（Mike Keller）、阿孙塔·皮萨尼（Assunta Pisani）、安德鲁·赫克维克（Andrew Herkovic）、罗伯托·特鲁希略（Roberto Trujillo）、亨利·洛伍德（Henry Lowood）和蒂姆·勒努瓦（Tim Lenoir），还有为我提供了重要指导的比尔·格拉德斯通（Bill Gladstone）和苏拉杰·索尼（Surj Soni），在这些人的帮助下，我的作品被斯坦福大学图书馆永久收藏。我要感谢斯坦福大学图书馆的全体员工，尤其是格林·爱德华兹（Glynn Edwards）、劳伦·斯科特（Lauren Scott）、斯图尔特·斯尼德曼（Stuart Snydman）、比尔·奥汉隆（Bill O' Hanlon）和莱斯莉·柏林（Leslie Berlin）。我要感谢戴维·埃利奥特·科恩（David Elliot Cohen），这些年来，他一直耐心地带领我朝着正确的方向前行。我要感谢盖蒂图片社（Getty Images）的埃洛迪·马耶（Elodie Mailliet）等人多年来始终如一的热情，以及为执行战略付出的努力。我要感谢布赖恩·斯托姆（Brian Storm）的信任和辛苦工作。我要感谢汤姆·沃克（Tom Walker），几十年来，他一直在为我那西西弗斯推石上坡般的项目铺平道路。我要感谢苏珊·怀特（Susan White），她总在恰当的时刻如及时的骤雨般送上我急需的热情支持。我要感谢戴维·弗兰德（David Friend），他是一个安静的聆听者，尤其在我需要倾诉的时候。我要感谢杰伊·米勒（Jay Miller），他在我极为艰难的时刻为我提供了重要的法律和道义支持。我要感谢让－雅克·诺代（Jean-Jacques Naudet）和让－雅克·希瓦（Jean-Jacques Shiva）夫妇，他们热切地将我的作品推向全世界。我要感谢戴夫·门德斯（Dave Mendez），他为这个项目无私奉献了自己宝贵的时间。我要感谢戴维·惠特曼（David Whitman），原因有很多，但最重要的是他喜欢巴仙吉犬。我要感谢克丽丝滕·加利亚尼（Kristen Galliani）和克里斯·霍姆斯（Chris Holmes），他们给予我深厚的友谊和魔法般的力量。我要感谢苏西·卡茨（Suzie Katz），她无私地为所有摄影师提供了强有力的指导。我要诚挚地感谢比尔·亨特（Bill Hunt）、霍华德·格林伯格（Howard Greenberg）和阿里尔·尚博格（Ariel Shanberg），因为他们非常认真地对待我的作品。我要感谢苏珊·斯托克（Susan Stock）和丹尼斯·斯托克（Dennis Stock）夫妇，他们给予了我如春天般温暖的同志友谊，与他们辩论让我受益匪浅。我要感谢德瓦尼·坎达尔（Devyani Kamdar）和戴维·豪斯（David House），他们欢呼雀跃地为我加油，并为我提供了一榻急需的客房。我要感谢珍妮弗·费伦（Jennifer Fearon）的不懈努力，以及米歇尔·麦克纳利（Michelle McNally）对图片的精心编辑。我要感谢玛丽·弗吉尼娅·斯旺森（Mary Virginia Swanson），她一直希望这些照片可以集结成书，并为此付出了自己的努力。我要感谢保罗·福斯特（Paul Foster）及其家人，没有他们的耐心帮忙，我们永远也无法扫描这些照片。我要感谢我的业务经理约瑟夫·麦克纳尔蒂（Joseph McNulty）和埃米莉·赵（Emily Chao）为我们提供食宿。我要感谢地理图片社（Geographic Imaging）在杰夫·惠特利（Jeff Whatley）和霍华德·赫尔（Howard Hull）的监督下，精细地扫描了这些照片。我要感谢埃里克·卢登（Eric Luden）、克里斯托弗·鲍尔斯（Christopher Bowers）和数银图片社（Digital Silver Imaging）团队的成员，通过数字明胶银盐印相这种方式，他们将我那些模拟格式的黑白负片印刷得精美绝伦。我要感谢乔希·马利安尼利（Josh Marianelli）和莫莉·彼得斯（Molly Peters）在我的工作室里辛勤工作，还要感谢工作室的其他负责人和摄影助理，以及不吝才干的实习生们。我要感谢我的经纪人比尔·斯托克兰（Bill Stockland）和莫琳·马特尔（Maureen Martel），以及斯托克兰·马特尔公司的优秀团队。我要感谢安妮特·阿亚拉（Anette Ayala）总是把我的行程安排得妥妥当当。当然，我还要感谢我挚爱的妻子特蕾莎和儿子保罗，他们一边辛苦地工作，一边还要忍受我对摄影的痴迷和频繁的出差。我还要感谢我谨以此书献给的那些人。我要感谢马查多家族（Machado）的所有人。我要感谢我的妹妹斯蒂芬妮（Stephanie），为了帮助我，她做出了巨大的牺牲。我要感谢我的父母和整个大家庭，从始至终他们一直在背后支持我。我向这些人献上我无尽的爱与感激。

我还要感谢：

蒂亚纳·安德森（Thiana Anderson）
阿米·博内蒂（Amy Bonetti）
夏洛特·伯吉斯－奥伯恩（Charlotte Burgess-Auburn）
柯克·安斯波（Kirk Anspach）
克里斯·布特（Chris Boot）
汤姆·拜尔斯（Tom Byers）
叶卡捷琳娜·阿尔森涅瓦（Ekaterina Arsenieva）
克莱夫·布思（Clive Booth）和马里·莫里斯（Mari Morris）
玛丽安·卡米列里（Maryann Camilleri）
迈克尔·阿什（Michael Ash）
鲁比·博伊克（Ruby Boyke）
马克·卡卢奇（Marc Carlucci）
玛丽·K. 鲍曼（Mary K. Baumann）
史蒂夫·布罗巴克（Steve Broback）
鲁帕·查特维迪（Rupa Chatervedi）
史蒂文·比尔（Steven Beer）
丹·布罗德（Dan Broder）
约书亚·科恩（Joshua Cohen）
吉恩·布隆伯格（Gene Blumberg）
乔·布朗（Joe Brown）
凯特·康塔科斯（Kate Contakos）
迈克尔·卡斯特罗思（Michael Costuros）
埃米莉·莱昂纳多（Emily Leonardo）
卡伦·斯普瑞尔（Karen Sipprell）
吉勒·德康（Gilles Decamps）
让·弗朗索瓦·勒鲁瓦（Jean François Leroy）
艾丽西亚·斯卡林（Alicia Skalin）
吉姆·迪马康托尼奥（Jim Demarcantonio）
苏珊·勒维（Susan Lewin）
菲比·斯莫兰和杰西·斯莫兰夫妇（Phoebe & Jesse Smolan）
玛丽亚·迪尔（Maria Diehl）
埃洛迪·梅里特（Ellodie Mailliet）
乌尔斯·斯塔赫尔（Urs Stahel）
杰夫·杜纳斯（Jeff Dunas）
约翰·马尔科夫（John Markoff）
伦纳德·斯坦伯格（Leonard Steinberg）
肯特·邓恩（Kent Dunne）
莱斯莉·A. 马丁（Lesley A. Martin）
布伦特·斯蒂克尔斯（Brent Stickels）
马腾·埃尔德（Marten Elder）
C. J. 莫平（C. J. Maupin）
迈克尔·斯特朗（Michael Strong）
埃伦·厄威特（Ellen Erwitt）
丹·麦凯布（Dan McCabe）
杰夫·萨默（Jeff Summer）
拉伊·法瓦乔（Rai Favacho）
迈克尔·麦凯布（Michael McCabe）
奥尔加·斯维布洛娃（Olga Sviblova）
玛丽安娜·费达尔托（Mariana Fedalto）
米歇尔·麦克纳利（Michele McNally）
辛那·塔马顿（Sina Tamaddon）
克里斯蒂娜·费利西亚诺（Kristina Feliciano）
菲比·门德斯（Phoebe Mendez）
杰伊·塔嫩（Jay Tanen）
迪米特里厄斯·福德姆（Demetrius Fordham）
杰西·米勒（Jesse Miller）
迈克尔·赵
凯特琳·弗拉克尔顿（Caitlin Frackelton）
艾丽斯·蒙泰伊（Alice Monteil）
丹尼尔·特纳（Daniel Terna）
基思·格默莱克（Keith Gemerek）
尤金·莫普西克（Eugene Mopsik）
凯瑟琳·泰瑞尔·奥康纳（Kathryn Tyrrel O' Connor）
吉莉恩·乔治（Gillian George）
马丁·奥康纳（Martin O' Connor）
凯尔茜·范德曼（Kelsie Van Deman）
保罗·吉尔伯特博士（Dr. Paul Gilbert）
西尔维娅·奥梅德斯（Silvia Omedes）
海伦娜·贝莱斯·奥拉瓦里亚（Helena Velez Olabarria）
马丁·吉斯伯恩（Martin Gisborne）
卡迪亚特·奥塞尼（Khadijat Oseni）
戴维·沃克（David Walker）
塔米克·哈罗德（Tamika Harold）
安迪·帕特里克（Andy Patrick）

托马斯 · K. 沃克（Thomas K. Walker）
迈克尔 · 霍利
诺拉 · 保罗（Nora Paul）
埃达 · 沃尔顿（Ada Walton）
波莉 · 霍普金斯（Polly Hopkins）
鲍勃 · 皮科克（Bob Peacock）
吉尔 · 沃特曼（Jill Waterman）
西蒙 · 霍罗宾（Simon Horobin）
P. J. 佩雷拉（P. J. Pereira）
安迪 · 瓦特和安杰拉 · 瓦特夫妇（Andy & Angela Watt）
霍莉 · 斯图尔特 · 休斯（Holly Stuart Hughes）
贾森 · 普雷斯顿（Jason Preston）
德布拉 · 韦斯（Debra Weiss）
叶卡捷琳娜 · 伊诺泽姆塞娃（Ekaterina Inozemtseva）
塞雷娜 · 曲（Serena Qu）
杰瑞特 · 威尔斯（Jerrett Wells）
杰夫 · 贾勒特（Geoff Jarrett）
乔 · 雷加尔（Joe Regal）
劳伦 · 文德尔（Lauren Wendle）
昆顿 · 琼斯（Quinton Jones）
萨沙 · 伦纳（Sascha Renner）
奥尔加 · 雅科夫列娃（Olga Yakovleva）
里斯 · 琼斯
罗杰 · 里科（Roger Ricco）
段玉婷（Duan Yuting，音译）
黛西 · 乔普林（Daisy Jopling）
汤姆 · 里利
乔恩 · 卡门（Jon Kamen）
卡特 · 林（Cat Ring）
迈克尔 · 凯勒特（Michael Keller）
蒂姆 · 里奇（Tim Ritchie）
戴维 · 休姆 · 肯纳利（David Hume Kennerly）
杰夫 · 罗伯茨（Jeff Roberts）
道格拉斯 · 柯克兰和弗朗索瓦丝 · 柯克兰夫妇（Douglas & Francoise Kirkland）
安德鲁 · 洛克莱斯（Andrew Rockrise）
哈伦 · 克莱曼和桑迪 · 克莱曼夫妇（Harlan & Sandy Kleiman）
马塞尔 · 萨巴和琼 · 萨巴夫妇（Marcel & Jean Saba）
朱莉娅 · 克洛特科娃（Julia Korotkova）
米歇尔 · 萨克（Michelle Sack）
马科斯 · 库马拉吉斯（Markos Koumalakis）
保罗 · 萨福
比尔 · 考恩霍文（Bill Kouwenhoven）
道格 · 斯科特（Doug Scott）

未来，属于终身学习者

我这辈子遇到的聪明人（来自各行各业的聪明人）没有不每天阅读的——没有，一个都没有。巴菲特读书之多，我读书之多，可能会让你感到吃惊。孩子们都笑话我。他们觉得我是一本长了两条腿的书。

——查理·芒格

互联网改变了信息连接的方式；指数型技术在迅速颠覆着现有的商业世界；人工智能已经开始抢占人类的工作岗位……

未来，到底需要什么样的人才？

改变命运唯一的策略是你要变成终身学习者。未来世界将不再需要单一的技能型人才，而是需要具备完善的知识结构、极强逻辑思考力和高感知力的复合型人才。优秀的人往往通过阅读建立足够强大的抽象思维能力，获得异于众人的思考和整合能力。未来，将属于终身学习者！而阅读必定和终身学习形影不离。

很多人读书，追求的是干货，寻求的是立刻行之有效的解决方案。其实这是一种留在舒适区的阅读方法。在这个充满不确定性的年代，答案不会简单地出现在书里，因为生活根本就没有标准确切的答案，你也不能期望过去的经验能解决未来的问题。

而真正的阅读，应该在书中与智者同行思考，借他们的视角看到世界的多元性，提出比答案更重要的好问题，在不确定的时代中领先起跑。

湛庐阅读 App：与最聪明的人共同进化

有人常常把成本支出的焦点放在书价上，把读完一本书当作阅读的终结。其实不然。

时间是读者付出的最大阅读成本

怎么读是读者面临的最大阅读障碍

“读书破万卷”不仅仅在“万”，更重要的是在“破”！

现在，我们构建了全新的“湛庐阅读”App。它将成为你“破万卷”的新居所。在这里：

- 不用考虑读什么，你可以便捷找到纸书、电子书、有声书和各种声音产品；
- 你可以学会怎么读，你将发现集泛读、通读、精读于一体的阅读解决方案；
- 你会与作者、译者、专家、推荐人和阅读教练相遇，他们是优质思想的发源地；
- 你会与优秀的读者和终身学习者为伍，他们对阅读和学习有着持久的热情和源源不绝的内驱力。

从单一到复合，从知道到精通，从理解到创造，湛庐希望建立一个“与最聪明的人共同进化”的社区，成为人类先进思想交汇的聚集地，与你共同迎接未来。

与此同时，我们希望能够重新定义你的学习场景，让你随时随地收获有内容、有价值的思想，通过阅读实现终身学习。这是我们的使命和价值。

著作权合同登记号：图字：01-2021-1127 号

图书在版编目（CIP）数据

无畏的天才 /（英）道格·门德斯（Doug Menuez）著 ; 汪婕舒译. -- 北京 : 中国纺织出版社有限公司, 2021.3
书名原文：Fearless Genius
ISBN 978-7-5180-8417-3

Ⅰ. ①无… Ⅱ. ①道… ②汪… Ⅲ. ①高技术企业-企业管理-经验-美国-图集 Ⅳ. ①F279. 712. 444-64

中国版本图书馆CIP数据核字（2021）第048742号

责任编辑：闫　星　　责任校对：高　涵　　责任印制：储志伟

中国纺织出版社有限公司出版发行
地址：北京市朝阳区百子湾东里 A407 号楼　邮政编码：100124
销售电话：010—67004422　传真：010—87155801
http://www.c-textilep. com
中国纺织出版社天猫旗舰店
官方微博 http://weibo.com/2119887771
北京盛通印刷股份有限公司印刷　各地新华书店经销
2021年4月第1版第1次印刷
开本：889 × 1194　1/12　印张：16.5
字数：40千字　定价：199.90元

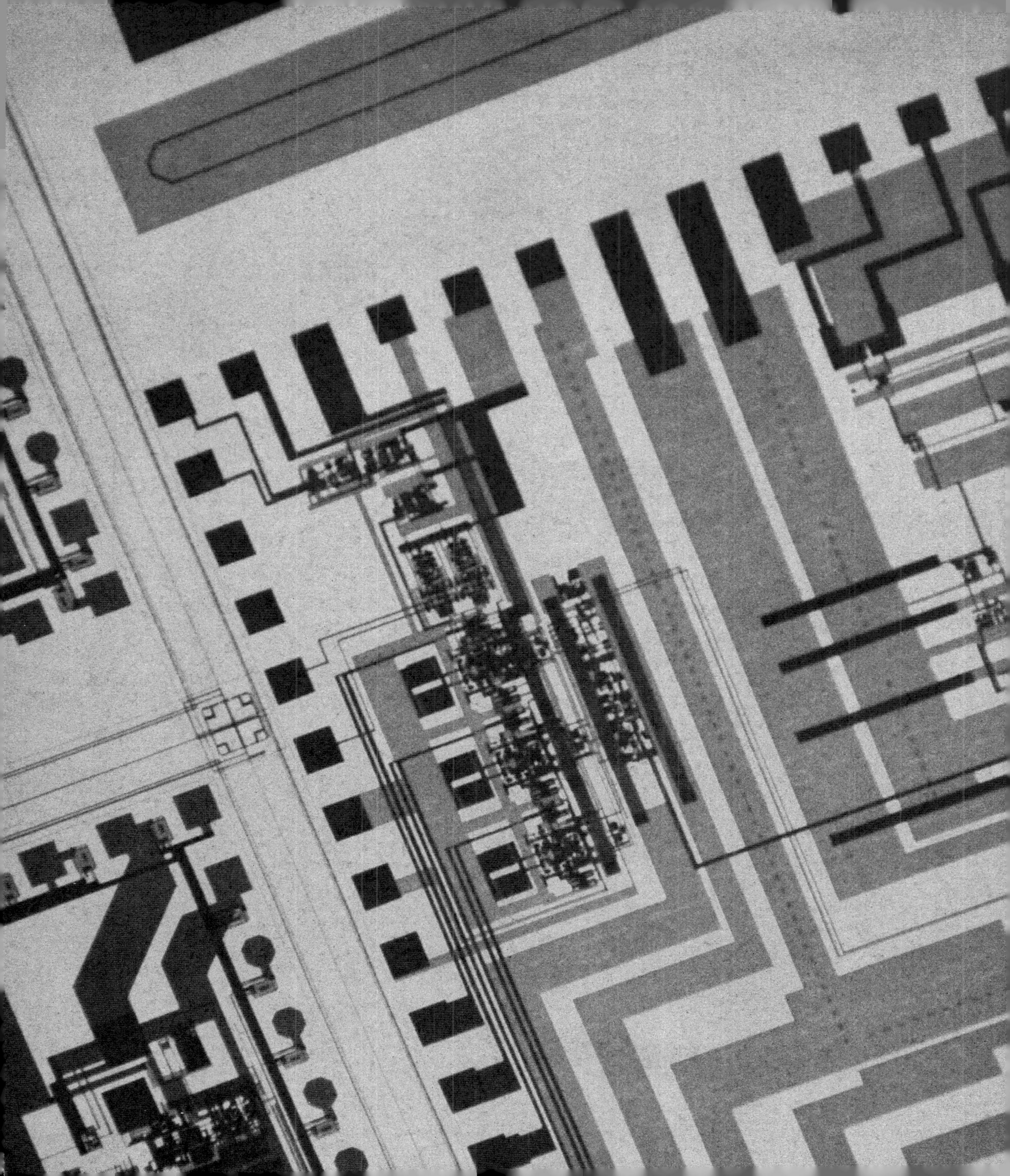

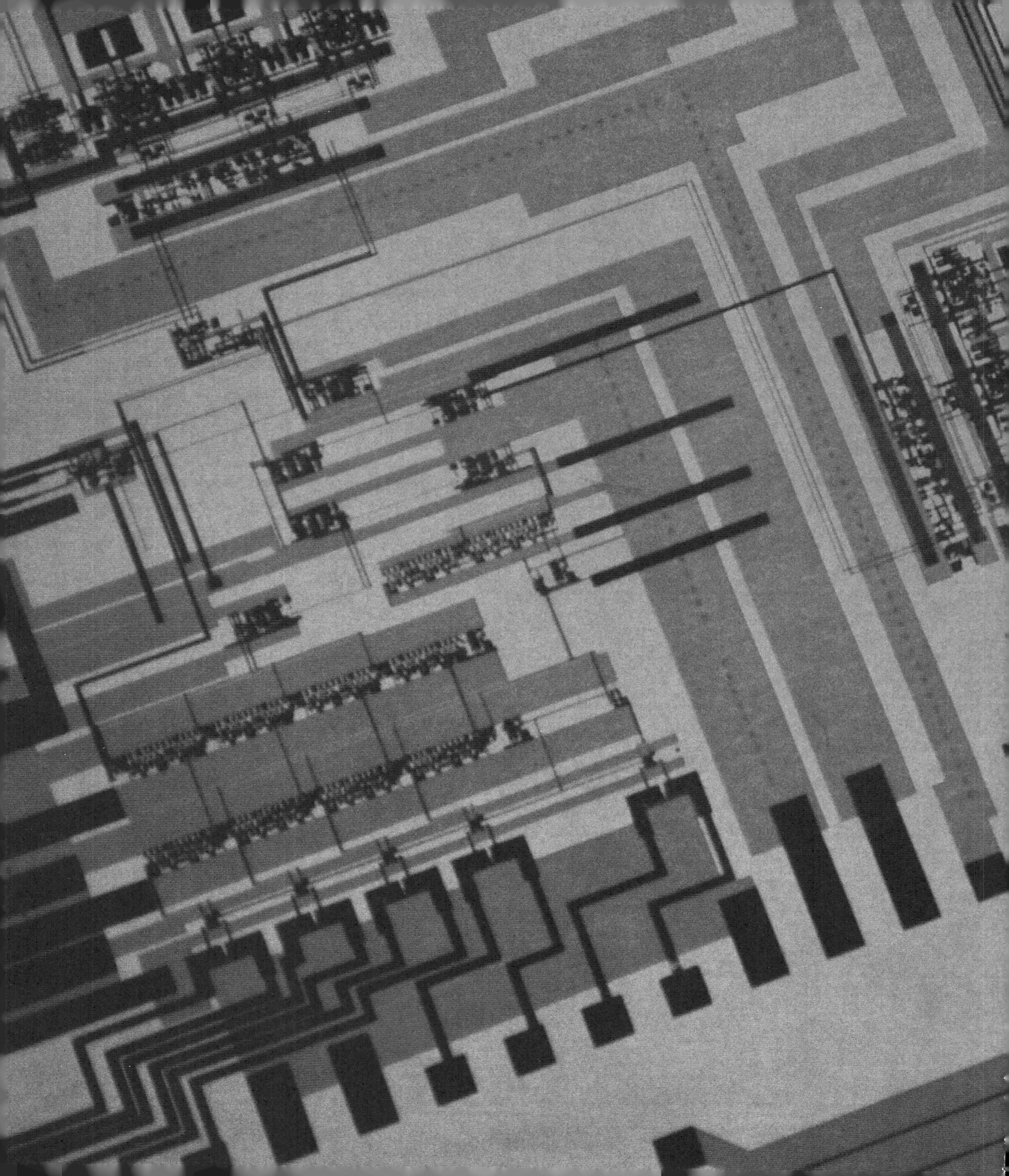